教育部人文社会科学研究青年基金项目(17YJC880131)资助

迈向发展成熟期

——组织生命周期视角下新型高校智库研究

张新培　江育恒　著

中国矿业大学出版社
·徐州·

图书在版编目(CIP)数据

迈向发展成熟期 ：组织生命周期视角下新型高校智库研究 / 张新培，江育恒著. —徐州 ：中国矿业大学出版社，2020.12

ISBN 978-7-5646-4828-2

Ⅰ. ①迈… Ⅱ. ①张… ②江… Ⅲ. ①高等学校—咨询机构—研究—中国 Ⅳ. ①G644.6

中国版本图书馆 CIP 数据核字(2020)第 256705 号

书　　名 迈向发展成熟期
——组织生命周期视角下新型高校智库研究

著　　者 张新培　江育恒

责任编辑 陈振斌　史凤萍

出版发行 中国矿业大学出版社有限责任公司
（江苏省徐州市解放南路　邮编 221008）

营销热线 (0516)83885370　83884103

出版服务 (0516)83995789　83884920

网　　址 http://www.cumtp.com　**E-mail**:cumtpvip@cumtp.com

印　　刷 徐州中矿大印发科技有限公司

开　　本 710 mm×1000 mm　1/16　**印张** 10.5　**字数** 188 千字

版次印次 2020 年 12 月第 1 版　2020 年 12 月第 1 次印刷

定　　价 42.00 元

（图书出现印装质量问题，本社负责调换）

目 录

第一章 绪论 …… 1
第一节 研究的缘起 …… 1
第二节 研究的意义与价值 …… 8
第三节 研究内容与重点 …… 9
第四节 研究思路与方法 …… 12

第二章 理论基础 …… 14
第一节 智库相关理论 …… 14
第二节 生命周期理论 …… 25
第三节 成熟度理论 …… 28

第三章 高校智库发展的生命周期 …… 57
第一节 基于生命周期的高校智库发展阶段划分 …… 57
第二节 基于生命周期的高校智库发展动力机制 …… 69
第三节 基于生命周期的高校智库研究内容演进 …… 76

第四章 新型高校智库发展的生命周期及其成熟度 …… 82
第一节 新型高校智库发展的新时代背景 …… 82
第二节 新型高校智库发展的生命周期及其战略举措 …… 94
第三节 新型高校智库发展成熟度评价标准的构建 …… 102
第四节 新型高校智库发展成熟度现状 …… 109

第五章 国外高成熟度智库发展特征研究 …… 116
第一节 国外高成熟度智库的内部治理机制 …… 116
第二节 国外高成熟度智库的影响力形成机制 …… 123

第三节　国外高成熟度智库的政策网络治理机制 ……………………… 136

第六章　新型高校智库成熟发展的政策建议 ……………………………… 146

第一节　新型高校智库成熟发展面临的关键问题 ………………………… 146

第二节　提升新型高校智库发展成熟度的建议 …………………………… 150

附录 ……………………………………………………………………………… 154

附录 1　中国特色新型高校智库建设推进计划…………………………… 154

附录 2　全球知名高校智库所属大学及其排名分布……………………… 159

第一章 绪 论

当前国际形势复杂多变、全球性问题层出不穷，我国进入中国特色社会主义新时代，习近平总书记多次对中国特色新型智库建设做出重要指示。智库作为国家软实力的重要组成部分和国家治理现代化的重要内容，随着国际政治经济格局的变迁，发挥的作用会越来越大。与西方国家智库的强大影响力和国际话语权相比，我国智库发展还相对滞后，亟须积极探索中国特色新型智库的组织形式和管理方式，采取有效措施引导各类智库加强建设，建成更加成熟更加定型的制度体系，积极为政府科学决策提供高质量智力支持。

第一节 研究的缘起

中国特色社会主义新时代对加强高水平智库建设、提升决策科学水平提出了强烈的需求。当前智库数量蓬勃增长的背景下，智库质量提升及内涵建设亟待新的突破，智库学术研究领域迫切需要进一步的拓展和深化，这都为开展中国特色新型智库成熟度的研究提供了必要性。

一、中国特色社会主义新时代对智库需求强烈

现代智库是公共政策的决策外脑。它起源于 20 世纪初到第二次世界大战之间的美国，距今约有 100 年的历史。经历百余年的发展，西方智库已形成了相对完善的管理体制和市场运作机制。相比之下，中国智库仍有学习和改进空间。

习近平总书记提出世界处于“百年未有之大变局”，新一轮科技革命和产业变革正积聚力量，国际格局和力量对比加速演变，全球治理体系将深刻重塑，我国也正处于实现中华民族伟大复兴关键时期，实现“两个一百年”奋斗目标的历史交汇期。智库是现代国家治理体系的重要组成部分，我国正处于全面深化改革的攻坚期和经济增长阶段的转换期，党中央、国务院对科学决策和民主决策

的要求越来越高。党的十八大报告提出“坚持科学决策、民主决策、依法决策，健全决策机制和程序，发挥思想库作用”。党的十八届三中全会通过的《中共中央关于全面深化改革若干重大问题的决定》，将全面深化改革的总目标表述为“完善和发展中国特色社会主义制度，推进国家治理体系和治理能力现代化”，同时明确提出“加强中国特色新型智库建设，建立健全决策咨询制度”，这是党中央文件中首次提出“智库”概念。党的十九大报告提出“中国特色社会主义进入了新时代，这是我国发展新的历史方位”，新时代的发展目标为“2035 年基本实现社会主义现代化”“2050 年建成富强民主文明和谐美丽的社会主义现代化强国，我国物质文明、政治文明、精神文明、社会文明、生态文明将全面提升，实现国家治理体系和治理能力现代化”。实现新时代的发展目标要求我们“坚定文化自信，推动社会主义文化繁荣兴盛”，需要“牢牢掌握意识形态工作领导权”“加快构建中国特色哲学社会科学，加强中国特色新型智库建设”。从推动科学决策、民主决策，推进国家治理体系和治理能力现代化，增强国家软实力的战略高度来看，中国特色新型智库面临着更好地参与和推动国家治理现代化的时代呼唤。

新时代需要提高保障和改善民生水平，加强和创新社会治理，不断满足人民日益增长的美好生活需要。建设教育强国是中华民族伟大复兴的基础工程，必须把教育事业放在优先位置，加快教育现代化，办好人民满意的教育。《国家教育事业发展“十三五”规划》提出“提高高等教育发展水平，若干所大学和一批学科进入世界一流行列，若干学科进入世界一流学科前列，在高校建成一批服务国家战略的创新基地和新型智库，创新服务能力全面提升，涌现一批重大创新成果，促进培育新动能，推动文化繁荣和社会进步，增强国家核心竞争力”。《中国教育现代化 2035》提出“构建更加完善的高等学校哲学社会科学研究创新平台体系，加强中国特色新型智库建设，形成一批国际知名专业化高端智库”。《加快推进教育现代化实施方案（2018—2022年）》提出加强高等学校智库建设整体规划和科学布局，做好国家高端智库建设和培育工作；新增一批教育部人文社会科学重点研究基地，支持有条件的重点研究基地向智库转型，加强科研成果转化应用，为国家重大决策资政建言。《统筹推进世界一流大学和一流学科建设实施办法（暂行）》提出产学研深度融合，实现合作办学、合作育人、合作发展，科研成果转化绩效突出，形成具有中国特色和世界影响的新型高端智库，为国家和区域经济转型、产业升级和技术变革、服务国家安全和社会公共安全做出突出贡献，运用新知识新理论认识世界、传承文明、科学普及、资政育人和服务社会成效显著。建设国家高水平智库，全面服务于新时代发展需求，是高等教育履行社会服务职能的重要使命。高校智库突破了高校承担知识生产与文化传承的使命，体现了国家治理与公众参与的基本诉求，连接知识生产与治理生成，在服务国家和社会建设中扮演着重要角色。①

二、智库数量蓬勃增长，质量及内涵亟待提升

2014 年 2 月，教育部印发《中国特色新型高校智库建设推进计划》，提出高校智库应当发挥战略研究、政策建言、人才培养、舆论引导、公共外交的重要功能，围绕完善和发展中国特色社会主义制度，推进国家治理体系和治理能力现代化的总目标，建立形式多样、结构合理的高校智库组织形式。在此背景之下，中国智库发展迎来一个蓬勃喷涌的新时代。2015 年 1 月，中共中央办公厅、国务院办公厅印发《关于加强中国特色新型智库建设的意见》，进一步提出要从推动科学决策、民主决策，推进国家治理体系和治理能力现代化、增强国家软实力的战略高度，把中国特色新型智库建设作为一项重大而紧迫的任务切实抓好。中国特色新型智库是党和政府科学民主依法决策的重要支撑、国家治理体系和治理能力现代化的重要内容以及国家软实力的重要组成部分。中国特色新型智库以战略问题和公共政策为主要研究对象、以服务党和政府科学民主依法决策为宗旨，作为非营利性研究咨询机构，应遵守国家法律法规，有相对稳定、运作规范的实体性建制，有特色鲜明、长期关注的决策咨询研究领域及其研究成果，有在国内外具有较大影响力的专业代表性领军人物和专职研究人员，有保障、可持续的资金来源，有多层次的学术交流平台和成果转化渠道，有功能完备的信息采集分析系统，有健全的治理结构及组织章程，有开展国际合作交流的良好条件等，这为建设中国特色新型智库提出了总体要求。

如图 1-1 所示，南京大学中国智库研究与评价中心中国智库索引（Chinese Think Tank Index，CTTI）收录了 836 家智库的信息②，智库类型复杂多样。其中，高校智库 560 家、占比最高，党政部门智库 69 家，党校行政学院智库 49 家，社会智库 38 家，科研院所智库 36 家。在智库蓬勃发展的背景下，高等学校因高水平人才集聚、学科知识基础雄厚、科学研究创新实力强而成为智库建设的

① 李清泉. 高校智库与国家治理协同发展[N]. 中国社会科学报，2020-07-17(4).

② 详见中国智库研究与评价中心门户网站 https://cttrec.nju.edu.cn。

主阵地。

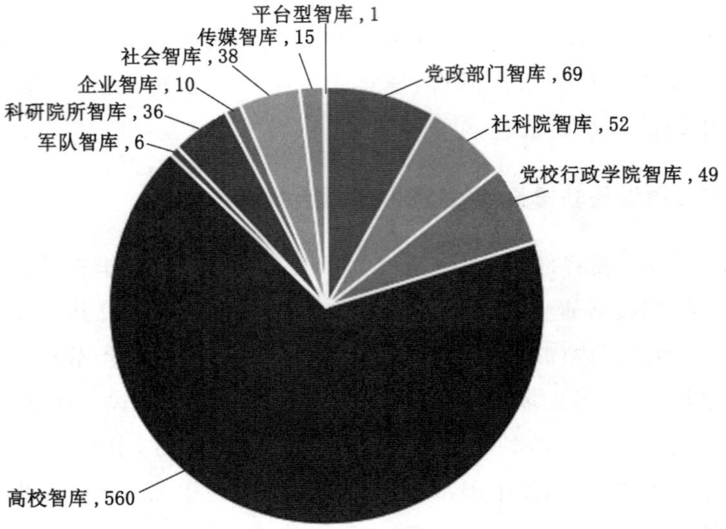

图 1-1 智库类型分布

如图 1-2 所示，从研究领域看，各类型智库参与最多的研究领域为产业政策、金融政策、文化政策、财政政策、市场政策、外交政策，分别有 100 多家智库将此列为研究方向。社会保障政策、科技政策、社会建设与社会政策、司法政策、资源政策、农业政策、对外贸易政策、环境政策和安全政策等也得到了较高的关注，分别有超过 70 家智库将此列为研究方向。2015 年国家高端智库建设试点工作启动，全国共有 25 家机构入选首批国家高端智库建设试点单位，这些智库的研究范围涵盖政治、经济、思想、科技、军事、法律、国际各领域，其中北京大学国家发展研究院、清华大学国情研究院、中国人民大学国家发展与战略研究院、复旦大学中国研究院、武汉大学国际法研究所、中山大学粤港澳发展研究院作为高校智库荣膺其列。作为占国家智库总体最大规模的高校智库，入选国家高端智库的数量仅为 6 家，占国家高端智库的比例仅为 20%，这与高校智库庞大的体量极不相适应。在高校智库数量急剧攀升、研究领域日益多元化的时代背景下，急需加强高校智库内涵建设，提升高校智库发展质量，为服务国家战略需求贡献更多有益的智慧。

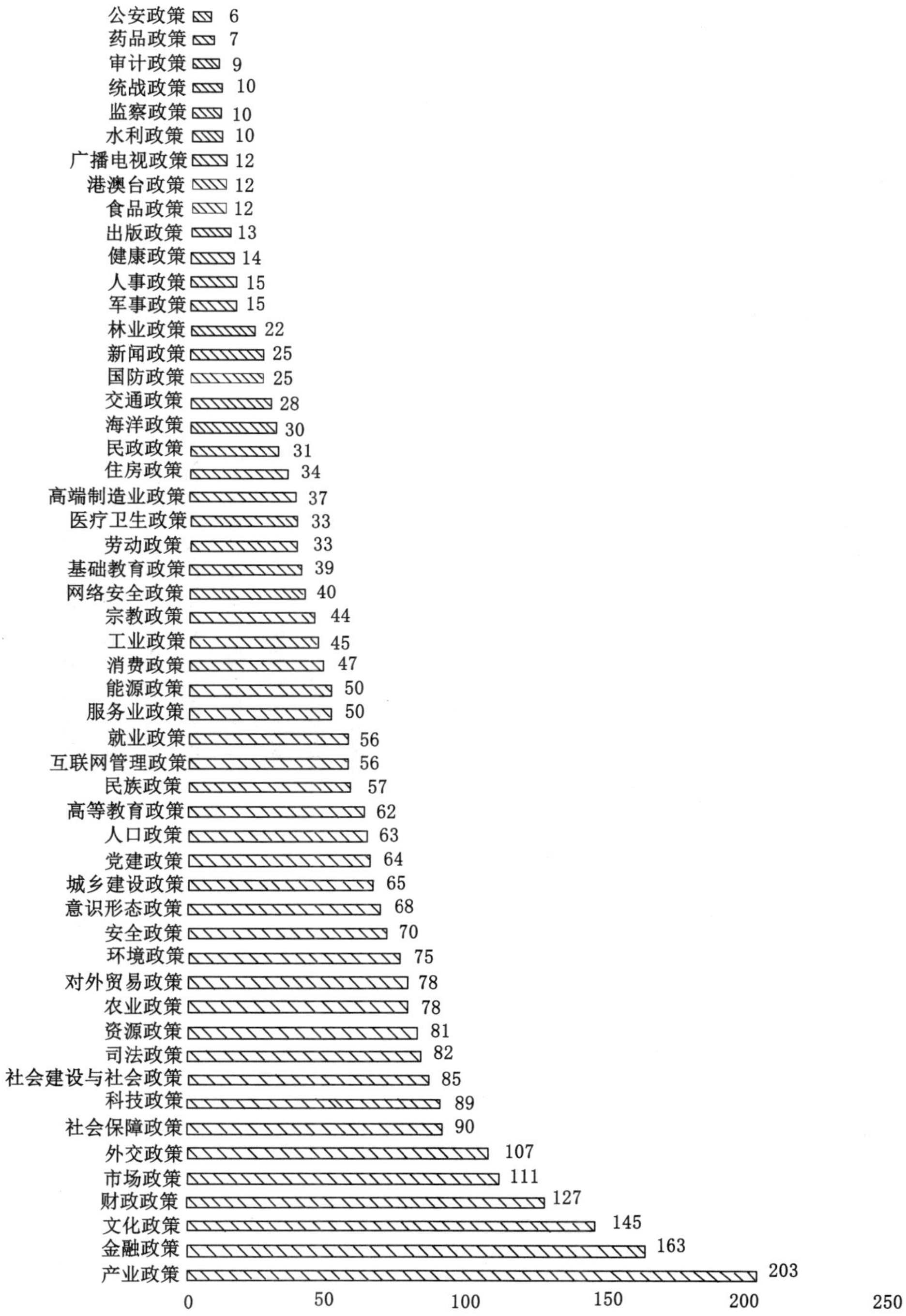

图 1-2 智库研究领域分布

三、智库相关的学术研究领域亟待深化和拓展

智库逐渐成为学术研究的热点领域,引起了研究者的广泛关注。如图 1-3 所示,通过中国知网(CNKI)学术论文统计数据发现,国内对智库的学术关注度在 2009 年之前较低,2009 年之后开始迅速提升,其中 2015 年学术论文数量大幅度增加,2016 年达到发文的高峰值。2018 年和 2019 年学术论文数量略有下降。如图 1-4 所示,从研究主题来看,学术研究主题总数虽然较多,但主题相对较为聚焦,研究关注较多的主题为智库建设、新型智库、高校智库、影响力、决策咨询等。

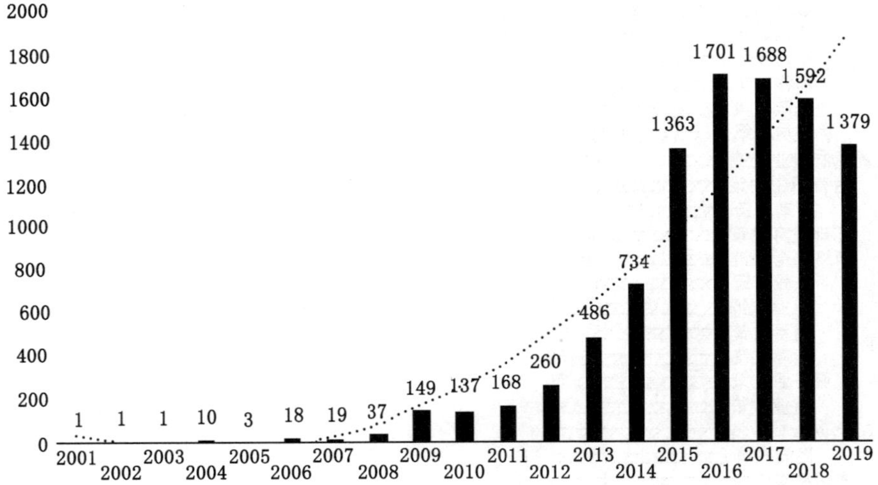

图 1-3 以智库为题名的 CNKI 学术论文数量变迁趋势

已有研究缺乏对智库组织发展生命周期及其组织发展成熟度的考量,这与智库快速发展阶段对质量提升的强烈诉求有很大差距,开展智库成熟度的研究具有迫切性。智库成熟度,主要指智库生命周期成长过程中表现出来的基于智库发展状态和发展水平的完善程度。笔者认为,智库成熟度有如下含义:① 智库成熟度与其生命周期成长阶段有密切联系。随着智库的生命周期演进,智库成熟度逐步提高,直到进入成熟期,智库的成熟度达到最高水平,是智库生命周期发展的理想状态。② 一个具有较高成熟度的智库,一般来说具有较好的生命周期发展状态和发展水平。但有较好发展状态和水平的智库,并不必然代表智库的成熟度很高。③ 智库成熟度的评价标准是基于智库发展生命周期所要求的状态和水平。高成熟度智库具有一系列必备的要素和评判基准,如完善的管理体制与运行机制、一流人才队伍及研究团队、高水平科学政策研究成果、与政

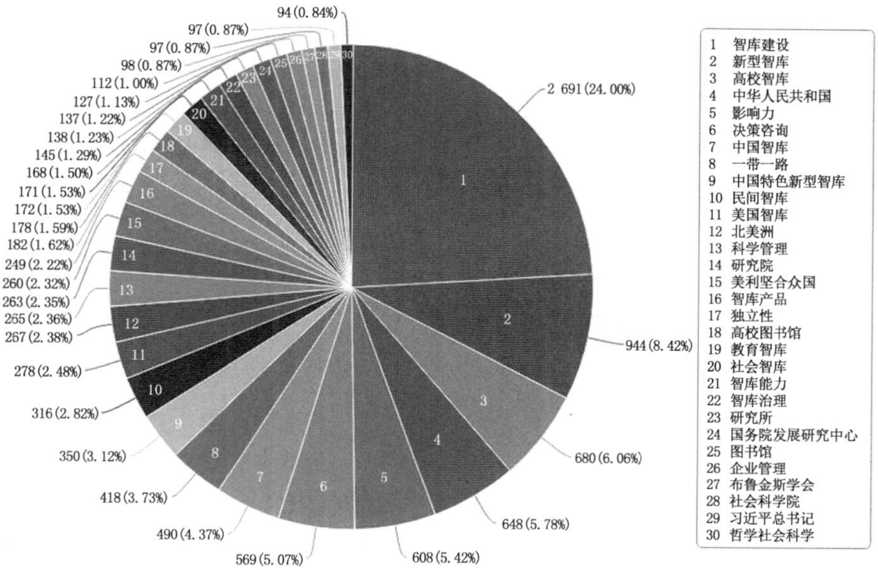

图 1-4 以智库为题名的 CNKI 学术论文研究主题

策制定者和决策者有畅通的信息流通渠道、具有政策企业家精神的组织文化等。

已有研究成果对我们考察智库具有重要价值，但也相应缺乏“双一流”建设背景下基于组织生命周期的中国特色新型高校智库成熟度的系统性研究，难以满足高校智库建设的实践所需。首先，高校智库与“双一流”建设互动关系的理论研究不足。大多数研究仍处于构想与理念研究阶段，缺乏以大数据为基础的系统性研究，较少聚焦对高校智库基于组织生命周期发展阶段的战略目标、运行机理与政策制定等核心问题的研究。其次，基于生命周期的中国特色新型高校智库组织发展成熟度的研究缺乏。中国特色新型高校提出的时间不长，处于生命周期的初始阶段，实践和理论上的积累少，借鉴国外智库的优秀经验成为智库研究的一大特点，但这些案例研究结果在分析不同政治经济背景下尤其是处于发展初期阶段的中国特色新型高校智库时，带来了社会文化价值取向及发展阶段上的困境。最后，已有研究大都限于点的层面，针对基于组织生命周期的中国特色新型高校智库的系统性研究少，对中国特色新型高校智库的成熟度缺乏实证研究、数据挖掘和多维方法集成，影响对处于发展初级阶段的中国特色新型高校智库运行机理的把握和激励政策的设计。因此，学术界需借鉴其他学科的理论方法完善理论框架、知识体系及研究范式，对基于组织发展生命周期的中国特色新型高校智库成熟度予以实证研究和深度的理论解释。

基于智库发展实践及其学术研究现状，本研究的总体研究目标是致力于构建基于组织生命周期的中国特色新型高校智库的成熟度评价标准和体系，设计以提升高校智库组织成熟度为基础提升创新治理能力的激励政策方案。具体而言，本研究以中国特色新型高校智库为主要研究对象，以组织生命周期及其发展成熟度为切入点，实现以下具体的研究目标：

(1) 系统探索高校智库的生命周期，挖掘出不同生命周期阶段高校智库的发展特征、动力机制、研究内容演进等。

(2) 以组织生命周期理论为基础制定中国特色新型高校智库成熟度评价标准。构建成熟度评价标准体系需要提取高校智库组织发展的必备要素和关键环节，明确高校智库提升发展影响力的过程、阶段和实施路径。本研究依据生命周期理论，“双一流”建设及高等教育相关政策，国内外智库的评价标准，对中国特色新型高校智库发展的生命周期阶段性特征及其组织特征的考量，提出中国特色新型高校智库成熟度评价体系。

(3) 实证研究中国特色新型高校智库的成熟度，研究处于不同成熟度阶段的高校智库所具有的发展特征和发展规律，探索基于成熟度的高校智库创新治理能力提升策略，提出建设具有国际影响力的中国特色新型高校智库的政策方案。

第二节　研究的意义与价值

一、理论价值

本研究将智库的成熟度评价作为智库质量提升的核心和突破，构建基于智库组织发展生命周期及其成熟度的评价体系。虽然高校智库在研究领域、服务对象、发展层次、组织模式、社会影响力等水平状态上存在很大的差异，但是高校智库在内部质量和水平的纵向提升上，即高校智库逐步地走向成熟和高影响力的阶段特征与过程路径上有很多的相似之处。在高校智库发展是否成熟上，不同类型和层次的高校智库能够共享一个基本一致的判断标准，可以使用统一的基于组织生命周期发展成熟度的评价标准对高校智库进行评价。这种理念与方法充分考虑了中国特色新型高校智库发展的阶段性，规避了高校智库类型和层次等方面的差异性，实现用标准的统一性适应高校智库的复杂性和多样性。这将不同于国内外已有的基于同行评价、媒体大数据等的智库评价和排名。

本研究基于数据库平台建设，着眼于“双一流”建设背景下中国特色新型高校智库研究，致力于探索中国特色新型高校智库的发展特征与发展规律，挖掘高校智库与一流大学、一流学科建设的互动机制。同时基于高校智库组织生命周期及其发展成熟度，依托“双一流”战略背景、中国特色新型高校智库发展现状，设计提升高校智库组织成熟度和创新治理能力的激励政策，为提升中国高校智库建设的质量和水平提供理论方法依据。

总而言之，本研究从理论价值层面，为高校智库研究提供新的理论基础与研究方法，从组织生命周期及其发展成熟度的视角对高校智库进行发展战略的设计，将促进高校智库的理论研究，丰富对高校智库的理性认识。

二、实践价值

本研究致力于揭开中国特色新型高校智库的面纱，从组织发展生命周期的视角研究高校智库组织发展成熟度，引导中国特色新型高校智库基于发展阶段和组织发展生命周期有针对性地提升组织发展的成熟度，探索提升智库影响力和社会贡献力的有效途径，改善高校智库组织的发展困局。研究通过探索高水平智库与“双一流”建设的互动机制，推动以一流高校智库引领一流大学和一流学科建设，以一流大学和一流学科促进一流高校智库崛起。本研究为高校智库建设提供新的分析思路和政策工具，有助于智库实践者和管理者从组织发展生命周期及其成熟度的视角去思考建设高水平高校智库的新路径，特别是在目前中国特色新型高校智库数量大幅度增加，而其发展水平和政策影响力相对较弱的背景下，具有十分重要的现实指导意义。

总而言之，本研究从应用价值层面，为高校智库实践者提供了新的工作思路和路径，推动实践者关注高校智库发展的生命周期及其发展阶段，基于智库发展阶段有针对性地探索提升智库治理能力的有效路径，建设与“双一流”建设共生互动、产生促进高校智库建设走向“提质增效”的鲶鱼效应的实践价值。

第三节 研究内容与重点

一、研究内容

围绕上述研究问题和研究目标，本研究聚焦中国情境下的高校智库组织发展成熟度评价体系及实证研究，研究内容框架如下。

（一）中国特色新型高校智库的发展现状研究

对高校智库与一流大学、一流学科建设的共生及互动关系进行相关理论与发展现状研究，对“双一流”背景下高校智库的功能定位及发展现状进行深入研究，重点探讨在新时代中国特色社会主义经济社会转型发展的过程中，一流大学建设和一流学科建设与高校智库的互动机理，以及高校智库如何提升创新治理能力，服务国家治理体系和治理能力现代化，为提升国家软实力贡献智慧。通过相关数据资料的搜集和整理，建立中国特色新型高校智库的数据库平台，摸清当前中国特色新型高校智库及其所处高校的发展现状，探索中国特色新型高校智库的内涵及功能定位，挖掘中国特色新型高校智库所处发展阶段的特征。其中，中国特色新型高校智库的数据库平台主要包括数据内容、数据来源和数据处理三个层面的内容。

数据内容：智库名称、成立时间、所属高校、研究领域、负责人、研究报告、代表性成果、代表性人物、机构影响力等。

数据来源：相关教育部门网站、相关大学及研究机构网站、报纸及其他媒体报道、学术论文、研究报告、图书专著等。

数据管理：以数据的搜集、处理、组织、存储、分析、挖掘、检索、开发和利用为主线，进行数据全生命周期的管理。

（二）中国特色新型高校智库组织发展成熟度评价体系研究

本研究基于组织发展的生命周期理论，制定高校智库组织发展的成熟度评价指标体系，为中国特色新型高校智库组织发展成熟度实证研究的开展奠定基础和前提。研究首先对中外知名智库排名如宾夕法尼亚大学智库报告、南京大学 CTTI 相关的指标体系进行深入研究，以期总结出其智库评价的关键指标体系。

本研究基于中国特色新型高校智库的发展现状调研及其全生命周期数据库平台的建设，结合“双一流”建设及高等教育相关政策，世界一流高成熟度智库的评价标准，以及高校智库的发展阶段和组织特征，制定中国特色新型高校智库成熟度评价的指标体系。该指标体系主要涵盖 5 个关键域的 16 个关键活动。5 个关键域及其指标体系分别为资政服务（30％）、科学研究（30％）、人才培养（20％）、治理模式（10％）和国际化（10％）。依据中国特色新型高校智库发展定位及其社会功能，5 个关键域的权重有所区别，资政服务和科学研究是中国特色新型高校智库发展成熟的最鲜明标志，这两个关键域被赋予的权重最高。人才培养是大学的根本使命也是高校智库区别于政府智库及社会智库的重要特征，众多高校智库都有人才培养职能，但人才培养并不是智库核心任务，因此将人才培养权重设为20％。智库组织治理和国际化为智库成熟度提供有力保障，其权重分别设置为10％。

（三）中国特色新型高校智库成熟度评价的实证研究

依据制定的成熟度评价指标体系，以及在智库数据库平台收集的智库发展状态数据，对中国特色新型高校智库进行成熟度预判、监测、评价和分析。研究依据对成熟度指标体系的评分情况，进行数据的加权和相应数理统计分析，建构基于成熟度的中国特色新型高校智库评价体系，为系统性、全方位了解中国特色新型高校智库的发展现状并制定激励政策提供实证依据。

（四）国外典型案例研究

针对中国特色新型高校智库成熟度发展状态及普遍存在的显著问题，选择若干个具有代表性的国外案例，对此专门问题进行深度的剖析，重点分析其管理体制与运行机制，以及其形成与发展的影响因素和动力机制，为提升中国特色新型高校智库发展成熟度提供经验借鉴及参考。

（五）中国特色新型高校智库创新治理能力提升的策略研究

以基于组织发展生命周期的中国特色新型高校智库成熟度研究为基础，提出提升高校智库创新治理能力的策略和激励政策方案，从而提出建设有国际影响力的中国特色新型高校智库的政策建议。

二、拟突破的重点和难点

（一）中国特色新型高校智库数据库平台建设

中国特色新型高校智库数据库平台建设为本研究提供基本的数据支持、实证素材和研究依据，对提升本研究的规范化和科学性有重大意义。然而鉴于中国特色新型高校智库信息披露的透明度低，如何获取全面、系统、真实的数据信息，也对本研究提出了巨大的挑战。

（二）基于成熟度的中国特色新型高校智库评价体系的构建

鉴于中国特色新型高校智库的多样化和复杂化，如何设计科学合理的指标体系，能够真实且全面反映出中国特色新型高校智库的发展基准和标尺，并以此为依据对中国特色新型高校智库进行成熟度评价，是研究的关键。

（三）基于智库成熟度的激励政策设计

依据中国特色新型高校智库成熟度评价结果，凝练处于不同成熟度发展阶段的智库的特征和规律。针对不同成熟度发展阶段的智库及其存在的问题，设计促进智库提升政策影响力和软实力的激励政策，是本研究的重点和难点。

第四节 研究思路与方法

一、研究思路

本研究的思路为首先确定要解决的核心问题，即建构中国特色新型高校智库组织发展成熟度评价标准指标体系并对其进行实证检验。

在研究的初始阶段，笔者对组织发展生命周期理论、成熟度理论、高校智库的内涵特征、功能定位和制度环境及运行机制等基本理论问题进行深入的理论研究。研究的一个基本前提是深入挖掘当前中国特色新型高校智库发展在多个指标层面的真实数据状态，要解决这个问题，需要摸清中国特色新型高校智库的发展现状，通过数据检索和资料搜集，建立中国特色新型高校智库全生命周期数据库平台。研究前期花费大量时间用于中国特色新型高校智库全生命周期数据库平台建设，这为本研究的顺利开展奠定了扎实的数据资料基础。在理论研究及数据库平台建设的基础之上，确定核心研究内容和研究问题，即评价指标体系的构建、成熟度实证研究和激励政策建议。为完成这些研究内容，本研究使用理论研究、数据库建设、实证研究和案例研究相结合的研究策略，同时根据研究需要收集整理相关数据资料。

二、研究方法

本研究采用理论研究和实证研究相结合的方法，突出理论研究的新颖性和实证研究的适用性原则。

（一）文献研究法

对组织发展生命周期、成熟度、智库等相关理论文献进行系统梳理和分析，充分吸收国内外最新的智库发展理论、成熟度理论、政策科学、研究型大学理论，以及系统科学和高等教育学交叉发展的前沿成果，梳理产生智库成熟度研究的主要变量和参数，并形成主要研究假设和研究思路，构建出研究的整体框架。

（二）内容分析法

对中国特色新型高校智库的官方网站、研究报告、高校智库专家的个人简历、智库相关的系统数据库等资料进行深入的内容分析，了解其发展阶段的基本特征、相应的管理政策和实践举措，以此获得高校智库研究的深入和翔实的第一手资料。

（三）案例研究法

选择国外具有代表性的高成熟度智库作为典型案例，通过内部治理、影响力形成、政策网络治理几方面的研究和认识，为中国特色新型智库迈向成熟发展期提供建设性的视角。

三、样本与数据

智库建设并非是适合所有大学的目标选择。① 一流大学建设高校是中国高等教育金字塔的最顶端，代表资政服务、科学研究和人才培养的最高水平。为了解当前中国特色新型高校智库的概况，本研究以 42 所一流大学建设高校中的基层院系组织与研究机构为研究的总体，使用内容分析法，对机构的官方网站及其标示的使命愿景、发展定位、机构介绍、研究成果及相关文本进行内容分析。根据内容分析的结果共检索到一流大学建设高校的 169 个研究机构在使命愿景、发展目标定位、机构介绍、研究成果及组织运行中具有智库的众多特征，甚至在发展愿景和目标定位中明确提出自己是“智库”或“思想库”或将担当“智库”或“思想库”作为重要发展目标，把政策研究与咨询服务作为重要的任务，在很大程度上发挥着高校智库的职能。本研究以检索到的 169 家机构为样本，基于官方网站发布的研究报告及官方网站数据，对其智库发展成熟度进行实证验证。

本研究根据评价体系，采集智库机构的官方网站数据，建立“一流大学建设高校智库成熟度数据库 1”。结合赋值计分规则，对相关指标进行赋值及加权计算，建立“一流大学建设高校智库成熟度数据库 2”。在数据信息检索及赋值之后，笔者使用 IBM SPSS Statistics 19.0 统计得出智库成熟度评价结果。

① 眭依凡，王贤娴. 对大学智库建设热的理性思考[J]. 教育发展研究，2017(7)：1-8.

第二章 理论基础

第一节 智库相关理论

一、智库研究的理论基础

(一)精英主义理论

精英主义是一种理解和阐释政治和社会及其历史发展的特定视角和方法,就其本质来讲,它强调少部分精英意志的重要性,否认民主,认为经济因素是获取精英地位的众多因素之一,不是唯一的最终决定因素。精英理论兴起于19世纪末20世纪初,在20世纪50年代被普遍应用于政治学、社会学、历史学等多个学科领域的研究。精英理论的基本观点是:人类社会始终存在资源分配与权力配置的不平等,在政治生活中也一直存在着被统治的大多数人与占统治地位的少部分人之间的制度区分,社会中的权力主要集中在有做重大决定权力的少数人或小群体的手中①,那些占据重要资源分配权、决策权和统治地位的少部分人就被称为“精英”②。精英可以存在于所有的社会形态、经济制度和政治体制中,虽然精英在人口中占有极小的比例,但是却控制着社会极大份额的资源和权力。为了增强精英控制社会资源的能力和效率,通常充分运用各种广泛的技术手段和机会以维持、扩大和有效地使用权力,这主要包括通过控制政府、支配经济、使用警察和军事力量、操纵教育体制和大众媒介等多种手段使自己的权力和统治合法化。③ 精英理论视角下,在社会中拥有决策权力的是精英人才,

① 曾琼.精英主义与多元主义:政治社会学两种基本理论模式述评[J].新疆教育学院学报,2004(6):1-3.

② 徐小龙.帕累托的精英理论评析[J].理论观察,2007(5):77-78.

③ 景跃进.比较视野中的多元主义、精英主义与法团主义:一种在分歧中寻求逻辑结构的尝试[J].江苏行政学院学报,2003(4):81-87.

能够为政府提供决策咨询的智库必然是由多领域精英人才构成的制度运行载体。智库可以描述为行业精英组成的封闭网络中的知识机器,智库“不是中立的研究机构,而是为统治阶级服务的战略工具”,社会精英对政府政策有实质性独立影响①。当前政策决策过程从政治行政精英垄断逐步向社会精英参与的模式转型②,智库吸纳高水平专家来定义政策议程、驱动政策改革和转型实践,满足政府对专业知识和高质量政策建议日益增强的客观需求③,因此需要对精英如何影响和建构社会给予更多关注④。

(二) 多元主义理论

多元主义的理念主要是在16世纪欧洲宗教战争之后,随着对宽容的逐渐接受而出现的。多元主义以宽容为前提,多元主义认为社会中存在的多样性和不同意见都是有价值的,这种多样性使得个人及其所处的政治体制和社会生活更加丰富和多彩。⑤ 多元主义坚持自由主义的基本立场,认为社会中存在多种合理的价值和关于良善生活的合理观念,由于存在即合理及其价值理念的多元化,这些终极性的价值之间没有加以比较的合理性和必要性。⑥ 多元主义认为社会精英通常仅仅是功能上的和特定场域中的,其需求与其他群体和阶级的需要通常会冲突,因此社会精英和其他多个利益群体之间存在互相竞争的关系,没有群体足够强大到以独享权力。⑦ 由于政治资源在多元主义的社会形态中以分散和多样化的形态而存在,权力中心是多元化的,并不存在单个强有力的权力中心,权力散布于相互竞争的多个利益群体之间,这构成多元化的决策中心,不同的利益集团为实现本集团的利益积极影响政府政策过程,与其他的利益集团展开竞争。⑧ 这弱化了国家在政策问题建构中的决定性功能,强调利益集团

① Gilens M, Page B I. Testing theories of american politics: elites, interest groups, and average citizens[J]. Perspectives on politics, 2014, 12(3): 564-581.

② 朱旭峰. 政策决策转型与精英优势[J]. 社会学研究, 2008(2): 69-93.

③ Naughton B. China's economic think tanks: their changing role in the 1990s[J]. The China quarterly, 2002(171): 625-635.

④ Savage M, Williams K. Elites: remembered in capitalism and forgotten by social sciences[J]. The sociological review, 2008(56): 1-24.

⑤ 晓林. 当代西方多元主义理论和政治现象评析[J]. 当代世界与社会主义, 2001(3): 30-36.

⑥ 陈平. “多元主义”与“普遍主义”的困局: 评新自由主义政治哲学[J]. 当代世界与社会主义, 2004(4): 88-91.

⑦ 曾琼. 精英主义与多元主义: 政治社会学两种基本理论模式述评[J]. 新疆教育学院学报, 2004(6): 1-3.

⑧ 邵宇, 高小兰. 论当代西方精英主义与多元主义的分歧与融和[J]. 前沿, 2009(6): 21-23.

的重要作用，并认为多个不同的具有相对独立性的利益集团在政策问题建构过程中享有平等的机会，进行充分竞争性的意愿表达以影响政策过程和政策决策，这有助于保证政策问题的社会建构和解决能够充分体现多样化的民意需求。① 多元理论视角下，学者们将公共政策制定视为利益群体基于独特的资源、战略和目标进行有组织的互动的产物，智库是基于众多社会团体竞争而塑造的一种公共政策组织，开发创造性政策解决方案，通常以战略性和机会主义的方式行动。②

（三）制度主义理论

制度是各种规则和组织化惯例的相对持久的集聚状态，包括惯例、程序、习俗、文化和日常生活中的知识等，通常嵌于社会建制的高度结构化的意义和手段中，在面对个体的特殊需要及不断变化的外部环境时具有相对稳定性。③ 制度主义重视政治制度的社会构建，一定程度上也是利己的个体行为者及各种社会力量展开争斗的竞技场，在政治生活中发挥了部分自主的作用。④ 新制度主义主要采用实证研究的方法以探讨制度的产生、维持、扩散和变更，其研究的趋势和重心主要是对制度化过程的关切，即通过嵌入社会系统、组织场域和组织群等分析单位，研究组织与其生存的环境之间的相互作用过程及相应制度性变更与安排，及其对组织结构和组织绩效的影响。制度主义研究目前在管理学等学科领域得到了重视，尤其是关于转型社会中的组织管理、战略和创业家等的研究中大量采用了新制度的理论和方法对制度环境和制度化过程进行探讨。⑤ 新制度主义理论视角主要聚焦智库"所处的结构环境、塑造行为的规则和规范及其组织安排"，将智库置于社会建构的过程中进行制度化分析，因为智库不仅通过影响政策改变世界，智库本身在改变世界的同时也被世界所形塑和限制。⑥

---

① 张康之，向玉琼. 从"多元主义"向"政策网络"的转变：考察政策问题建构视角演变的路径[J]. 江海学刊，2014(5)：108-117.

② Fraussen B，Halpin D. Think tanks and strategic policy-making：the contribution of think tanks to policy advisory systems[J]. Policy sciences，2017(50)：105-124.

③ 石凯，胡伟. 新制度主义"新"在哪里[J]. 教学与研究，2006(5)：65-69.

④ [美]詹姆斯·马奇，约翰·奥尔森，允和. 新制度主义详述[J]. 国外理论动态，2010(7)：41-49.

⑤ 郭毅，徐莹，陈欣. 新制度主义：理论评述及其对组织研究的贡献[J]. 社会，2007(1)：14-40.

⑥ Ruser A. What to think about think tanks：towards a conceptual framework of strategic think tank behaviour[J]. International journal of politics，culture，and society，2018，31(2)：179-192.

（四）边界组织理论

所谓边界组织主要是指处于科学和政策等多个领域交界处的机构，[①]它们占据知识和政策之间边界的关键位置，从而承担着跨界和架桥的职能，不仅有利于促进知识与政策之间边界的稳定性，也有利于加强知识与政策的互动，促进科学家、政策专家和其他利益相关者的有效互动以合作促进关键政策决策。[②]作为一种跨界的组织机构，智库并非独立于学术、政治、经济和媒体四个母体领域而存在，智库机构的独特性在于能够保持与母体领域的距离并栖居在母体领域之间的空间进行任务分割和有机协作，因此，智库是一种模糊的位于间隙领域的混合空间。[③] 智库作为连接学术、政治、经济和媒体的边界组织，发挥决策咨询作用的同时也将科学知识运用于公共治理，推动知识领域和政策领域的交流互动。智库作为在知识与政策之间建立的能够同时推动知识供给和政策需求的边界组织，搭建了知识与政策交流互动的平台。

精英主义理论和多元主义理论是智库研究领域最普遍采用的研究视角，随着智库规模扩张、组织形态建制化程度更高，用制度主义理论视角分析智库组织变革愈加受到重视。边界组织理论对智库进行更加深入的组织社会学诠释，尤其认为智库不是独立的组织，而是作为依赖及连接四个母体领域的而独立存在的边界组织在社会结构中获得独特性和影响力。

二、智库研究的主要内容

（一）智库评价

在评价导向方面，智库评价主要是以智库产出、公共宣传或其他以建设绩效为导向的评价标准为支撑，但是这些标准通常都难以操作，尤其困难的是评价智库对政策的真实影响力。[④] 国内外学者对智库评价进行了多元化的探索。当前国际智库评价多元化特征明显，未来更趋于专业化评价，并且更加关注提

---

① Selzer M, Jonas J L, Pebbles V, et al. Crossing boundaries between science and policy: two case studies illustrate the importance of boundary organizations in the Great Lakes Basin[J]. Journal of great lakes research, 2020, 46(4): 933-946.

② 朱旭峰，贾杨. 研究基金机构在中国智库建设中的作用："边界组织"的视角[J]. 社会科学文摘，2019(10): 117-119.

③ Savage G C. Think tanks, education and elite policy actors[J]. The Australian Educational Researcher, 2016, 43(1): 35-53.

④ [德]帕瑞克·克勒纳，韩万渠. 智库概念界定和评价排名：亟待探求的命题[J]. 中国行政管理，2014(5): 25-28.

升管理效率的评价体系构建、体现用户驱动特征、更聚焦运营效能、更重视应用网络新媒体指标。① 而我国智库建设和评价都处于起步阶段，②目前主要呈现出工具创新与价值回归特征，但是与此同时智库评价也面临着评价主体权威化、评价路径科学化、评价结果社会化等多个方面的困境。③ 未来，智库的关注点将从知识生产及政策研究领域转换为政策决策和政策的制定及实施。④

在影响力评价方面，主要通过实证研究采集数据以对特定智库的影响力进行探索性评价。智库发挥影响力是一个复杂而动态的过程，智库成果能否受到政策制定者的认可进而制定相关政策是评价智库影响力的难点，不仅需要畅通的信息公开渠道，全面了解智库成果被采纳的数量，而且需要科学的方法以收集数据尤其是难以公开获得的数据。陈燕以我国 134 家高校智库数据为样本，通过量化分析验证合作规模对于高校智库产出和高校智库影响力的调节效应，分析我国高校智库影响力的影响因素及其影响机理，并提出高校智库产出和高校综合研究实力对于智库影响力存在显著的正向影响，智库合作规模对于产出和影响力存在调节效应。⑤ 金晨将北京大学国际战略研究院、清华大学国情研究院、中国人民大学国家发展与战略研究院为研究对象，从发展导向、人才吸引、人员管理、组织管理四方面分析其影响力，研究发现突破圈层结构的隐性桎梏，融入政策制定网络、构建人岗匹配的现代治理机构，维持组织公信力、恪守学术研究的价值传统，形成政策研究品牌是提升智库影响力的重要途径；建议高校智库应重点打造畅通的资政渠道，借助多手段影响政策制定，构建动态的内部治理结构，创新智库知识生产机制，整合优势特色学科资源，遵循问题逻辑的长线研究路径。⑥

在评价机制方面，智库评价机制建设是含评价指标体系建设、评价制度建设、评价程序建设、评价方法完善、评价环境构建等多个要素的系统工程。各个

---

① 张树良，张志强. 国际智库评价体系发展现状及趋势分析[J]. 情报学报，2017(6)：628-636.

② 朱敏，房俊民. 智库评价研究进展及我国智库评价建设[J]. 情报杂志，2017(8)：33-38.

③ 张旭. 中国智库评价体系的困境与建构反思[J]. 情报杂志，2018(9)：15-20.

④ Gonzalez Hernando M, Williams K. Examining the link between funding and intellectual interventions across universities and think tanks: a theoretical framework[J]. International journal of politics, culture, and society, 2018, 31(2): 193-206.

⑤ 陈燕，夏人青，傅毅. 我国高校智库影响力及其影响机理研究：基于合作规模的调节效应[J]. 教育发展研究，2018(7)：46-52.

⑥ 金晨. 我国高校智库影响力及其提升研究：基于一流高校智库的分析[J]. 中国高教研究，2019(7)：63-69.

要素之间相辅相成，保证评价的科学性，以发挥评价的判断、预测及导向功能。智库评价多从工具理性出发，关注评价指标体系建设，忽略其他要素的完善。郭瑞通过研究智库评价指标体系的科学程度与评价制度的规范程度发现，评价方法的完善程度、评价程序的规范程度、评价环境的构建程度存在多元线性关系，且智库评价结果公信程度同样也受上述因素的影响。① 研究机构向智库转型要遵循问题逻辑研究路径，整合优势特色学科资源，创新团队合作模式②，向以质量为核心的内涵提升范式转型，激发知识创新活力③，创新知识生产机制，融入政策网络、维持组织公信力、形成研究品牌。④ 由于智库是积极的政策行动者，渴望进入新的政策空间，通常通过高水平的研究能力、实质性的组织自主性和长期的政策视野来评价智库对战略决策的贡献能力及其在政策咨询中的特殊作用。⑤

在评价的问题及建议方面，以学术为导向的组织文化和评价激励机制难以真正激发智库的活力，而研究型大学是典型的学术导向机构，重视学术成果是其根深蒂固的组织文化，智库报告与内参在科研评价机制上往往得不到认可。⑥ 由于智库同质化程度高、发展不均衡，研究成果转化难、贡献率低，影响力也不高、影响渠道又较为单一，为突破新型高校智库建设面临的困局，应构建完备的高校智库评价体系。智库评价应明确标准、汇聚信息、改进效能。在评价标准上，注重结果评价和系统评价相结合。在评价内容上，注重投入评价与产出评价相结合。在评价对象上，注重机构评价与项目评价相结合。在评价主体上，注重同行评价与社会评价相结合。在评价方法上，注重定量评价与定性评价相结合。⑦

（二）智库组织

从组织特征来看，智库作为生产政策知识和政策思想的创新组织，其特有

① 郭瑞.高校智库评价机制研究[J].高校教育管理，2017(4)：97-104.

② 周光礼，莫甲凤.高等教育智库及其学术研究风格：中国著名高等教育研究机构的学术转型[J].高等工程教育研究，2014(6)：45-57.

③ 张宏宝.从“规模扩张”到“内涵提升”：高校智库知识供给范式转型[J].教育发展研究，2017(3)：8-13.

④ 金晨.我国高校智库影响力及其提升研究：基于一流高校智库的分析[J].中国高教研究，2019(7)：63-69.

⑤ Fraussen B，Halpin D. Think tanks and strategic policy-making：the contribution of think tanks to policy advisory systems[J]. Policy sciences，2017，50(1)：105-124.

⑥ 李刚.关于进一步加强高校新型智库建设若干问题的思考[J].江苏高教，2019(10)：35-40.

⑦ 金姗姗.智库评价：新型高校智库建设的有效工具[J].教育发展研究，2016(11)：78-84.

的功能定位、跨学科的研究模式、政策知识生产方式等与高校现有科研机构有差异，以学科或专业为基础的组织形式及运行机制不适应智库的发展，必须建立动态、开放且机制灵活的跨学科组织，实现以学科为依托的科研机构与高校智库协同发展。更重要的是，智库组织内化为一种运作机制，形成新的体制机制。① 智库依据时代使命的变更，加快促进内部科研组织形态和学术研究路径的转型以符合时代功能定位的外部价值属性。依据政策研究与政策过程之间的逻辑关系模型，智库可分为“理论指导—政策设计”关系模式下的持久稳固型、“价值导向—政策决策”关系模式下的定期契约型和“问题解决—政策实施”关系模式下的短期协作型三种组织形态。基于当前发展趋势，智库研究应由传统学术场域向实践问题场域转向，由理性思辨向科学实证路径转向，由单一学科向跨学科范式的知识生成路径转向。② 通过对世界著名研究型大学和高水平智库的研究发现，两者职能逐渐融合，组织边界越来越模糊，存在组织协同发展的特质。③

从典型案例来看，普林斯顿大学公共与国际事务学院在长期的智库实践中形成了以研究所为基础的架构，依托内外“旋转门”机制的多样化团队、协同化的研究模式、多元化的影响力实现渠道等建设策略。英国智库以科学精神服务决策制定、以大众立场增进社会公义、以现实关照驱动理论创新，其知识生产模式有问题驱动性、知识形态交互性、开放性、协同性和迅捷性等特征，围绕问题领域组建多元人才队伍，依托校内外平台获取研究资源，通过多样化途径传播研究成果。借鉴英国经验，我国应明确高校智库的价值定位，增强智库的对策供给、理论创新和舆论引导能力。④ 一流高校智库研究人员绝大多数获得名校博士学位，具有学术、政府、商业、媒体和其他非营利性社会组织的多元化任职经历，不同高校智库组织的人员任职经历网络存在差异和特色化发展现象。⑤斯坦福大学胡佛研究所采用灵活多样的聘任模式和组织方式确保研究质量和影响力，通过研究所和大学其他院系之间良性运转的内部“旋转门”，促使自己

---

① 魏训鹏，费坚. 我国高校智库的组织再造与运行机制研究[J]. 高教探索，2018(9)：12-16.

② 韩玉梅，宋乃庆. 新型教育智库的组织形态和研究路径[J]. 教育研究，2019(3)：145-153.

③ 张新培，赵文华. 研究型大学与高水平智库协同发展及启示[J]. 中国高教研究，2014(8)：6-10.

④ 余晖，刘福才. 英国高校智库：功能定位、运行机制和服务模式[J]. 比较教育研究，2018(12)：59-66.

⑤ 张新培，赵文华. 谁在为著名高校智库工作：基于人员任职经历的结构化网络分析[J]. 清华大学教育研究，2014(6)：59-65.

的强势研究领域与斯坦福大学优势学科相互支撑，从而达到研究所和大学的双赢。① 近年来，澳大利亚、新西兰两国相关教育科研机构在提高教育质量与促进教育公平方面，发挥了不可替代的功能和作用。两国教育智库对教育发展的影响表现在：构建基于标准的质量框架，促进多元文化融合教育的发展，提高教育竞争力及全方位影响政府教育决策等。② 美国公民教育中心，是当代美国公民教育领域最具影响力的智库，对美国公民教育的时代主题在思想和策略层面做出持续有效响应，并搭建“知识”与“权力”的桥梁，结成有共同政治信念的“政策倡导联盟”影响决策者，实现“设置并引导公民教育政策议程、有效提供公民教育产品、推动美国公民教育向世界拓展”等智库功能。③ 以组织要素为视角，韦岚、全守杰对国家高端智库建设试点单位中的6家智库进行研究，发现其具有服务中国发展关注全球格局的目标要素、整合校内外专家的人员要素、依托组织基础进行机构协同的条件要素、注重跨学科开展协同创新的技术要素、设计中国方案参与国际规则的客户要素；智库能否实现自身价值取决于能否满足客户需求和能否合理配置资源，根据客户要素和目标要素对条件要素、人员要素与技术要素进行组织资源整合，客户要素体现的是外部环境对智库的要求。④

从智库建设现状来看，我国智库建设存在规模小、力量弱、影响力差、角色定位模糊、学术资源整合度不够、研究缺乏前瞻性、创新不足等诸多现实问题。智库建设要直面困境与争议，坚持正确的路向选择，提供外向服务的同时践行人才培养使命，知识转化与应用以理论创新为基础，价值原则上既要以达成目标为取向也要遵从内在价值，研究范式上重视实证调查，增强资政能力，提高服务品质。⑤ 我国大学智库参与决策咨询以“有限介入”为主要特点，与决策部门的互动与协同不够，决策影响力较低。需要探索一种既能保持大学智库适度独立，又能使之深度参与决策咨询的中国特色制度安排，遵循激励相容原则，优化

① 陈英霞，刘昊. 美国一流高校智库人员配置与管理模式研究：以斯坦福大学胡佛研究所为例[J]. 比较教育研究，2014(2)：66-71.

② 曾天山，王小飞，吴霓. 澳新两国国家教育智库及其服务政府决策研究：澳大利亚、新西兰教育科研考察报告[J]. 比较教育研究，2013(8)：35-40.

③ 束永睿，傅安洲，胡秋梅. 从学术团体到国家智库：美国公民教育中心的历史考察[J]. 清华大学教育研究，2017(5)：52-60.

④ 韦岚，全守杰. 中国一流高校智库的组织要素与运行机制：基于中国6家一流高校智库的分析[J]. 高校教育管理，2017(5)：81-87.

⑤ 刘福才，张继明. 高校智库的价值定位与可持续发展[J]. 教育研究，2017(10)：59-63.

改革路径，确保制度的顺利实施。① 智库治理应以实体化研究所为基础，切实发挥智库职能，扩大用人自主权，以灵活的聘任方式打造多元交叉的智库团队，积极实践协同化研究模式，产出高质量智库成果，拓展成果转化渠道，提高智库政策影响力水平，打造智库品牌。② 大学智库的发展需要充分注重协同性的特点，学科协同能够为大学智库发展提供专业支持，多方协同能够为大学智库发展提供合力，利益协同能够为大学智库发展提供动力支持。在协同视野下，大学智库就能构建起以学科交叉和融合为基础，高校、政府、企业和媒体等多重主体参与，各主体利益共享的共同体。③ 智库要真正发挥议政建言的功能，必须以问题为导向，紧密结合区域产业发展需要，开展全局性、战略性、前瞻性研究，为政府科学决策、民主决策、依法决策提供智力支持。④

（三）智库人才

关于智库专家参与决策机制及其影响因素，后工业化时代人力资本和以知识为基础的竞争优势关联更加紧密⑤，美国 20 世纪几乎所有新思想都是由当时的专家发展和提出的⑥，学者们认可智库组织是了解智库专家及其专业知识的前提⑦，智库专家参与决策意味着政策制定者寻求思想和研究政策使自己的政策观点合法化⑧。智库专家通过影响公共政策、重建政策问题、支持特定政策方案等机制，产生改变政策制定的可能性条件。⑨ 智库专家体制既是专家参与公共决策的制度化方式，又是决策合法性的技术来源，蕴含着与社

① 汪锋．交互嵌入：一种大学智库参与决策咨询的理想制度模式[J]．中国高教研究，2018(11)：85-90.

② 何振海，刘尚月．世界一流大学的智库治理策略及其观照：以普林斯顿大学公共与国际事务学院为例[J]．中国高教研究，2018(8)：74-79.

③ 李洪修，张晓娟．协同视域下大学智库发展的维度分析[J]．江苏高教，2016(2)：49-53.

④ 徐维英，田晓明．高校智库建设的独特优势与问题[J]．江苏高教，2016(2)：54-56.

⑤ Morris S, Snell S, Björkman I. An architectural framework for global talent management[J]. Journal of international business studies, 2016, 47(6): 723-747.

⑥ Kochetkov G B, Supyan V B. Think Tanks in the USA: science as an instrument of public policy [J]. Studies on Russian economic development, 2010(21): 493-501.

⑦ Rich A. The politics of expertise in congress and the news media[J]. Social science quarterly, 2001, 82(3): 583-601.

⑧ Lingard B. Think tanks, "policy experts" and "ideas for" education policy making in Australia[J]. The Australian educational researcher, 2016, 43(1): 15-33.

⑨ Savage G C. Think tanks, education and elite policy actors [J]. The Australian educational researcher, 2016(43): 35-53.

会关系互动的运作逻辑。① 智库人才参与和影响决策的机制及其影响因素有多元化特征，“旋转门”机制有效结合知识和权力给智库人才带来人际关系网络②，智库人才专业性、团队合作及知识共同体③、媒体及舆论关注度、促进性进言④、渠道建言⑤、建言渠道畅通性、进言时机适切性是驱动政策得以影响政策、提高政策变迁过程中专家影响力的重要机制。⑥ 教育背景、职业流动体制稳定性、行政级别和交往投入等因素都对政策精英的社会资本有显著影响，由于不同阶层交往存在“准入门槛”效应，不同类型机构、不同专家对决策的影响及贡献有明显的梯度结构特征。⑦ 证据型政策驱动、后实证主义时代日益失去边界及高度网络化的社群关系背景下，专家建议对关键政策制定者的影响力尤其值得关注。⑧

关于智库专家的形象研究，智库专家是积极的政策行动者，渴望进入新的政策空间，通过高水平研究能力、实质性组织自主性和长期政策关注及战略视野来体现对战略决策的贡献能力及在政策咨询中的特殊作用。⑨ 作为跨界组织，智库在学术、政治、媒体、市场等领域跨界工作并寻求其合法性，智库专家既精通专业的知识逻辑，又了解智库的运行逻辑，关注将知识生产从政策研究领域转换为政策制定。⑩ 智库专家被看作跨越不同领域的跨界高手，寻求最大限

① 赵万里，李艳红. 专家体制与公共决策的技术—政治过程[J]. 自然辩证法研究，2009(11)：79-83.

② 王莉丽. 美国智库的“旋转门”机制[J]. 国际问题研究，2010(2)：13-18.

③ 付睿，田秋燕. 教育治理现代化进程中教育智库专家的角色定位及动力机制[J]. 天津市教科院学报，2020(1)：55-61.

④ 魏昕，张志学. 上级何时采纳促进性或抑制性进言?：上级地位和下属专业度的影响[J]. 管理世界，2014(1)：132-143.

⑤ 张闯，秦冬露. 渠道建言与渠道沉默：概念模型与研究命题[J]. 经济管理，2016(11)：131-145.

⑥ 朱旭峰. 中国社会政策变迁中的专家参与模式研究[J]. 社会学研究，2011(2)：1-27.

⑦ 朱旭峰. 中国政策精英群体的社会资本：基于结构主义视角的分析[J]. 社会学研究，2006(4)：86-116.

⑧ [荷]保罗 · T. 哈特，[澳]阿里阿德涅 · 弗罗门，肖君拥. 智库处在公共政策的新时代吗?：国际趋势和澳洲现实[J]. 国外社会科学，2014(3)：17-28.

⑨ Fraussen B，Halpin D. Think tanks and strategic policy-making：the contribution of think tanks to policy advisory systems[J]. Policy sciences，2017，50(1)：105-124.

⑩ Gonzalez Hernando M，Williams K. Examining the link between funding and intellectual interventions across universities and think tanks：a theoretical framework[J]. International journal of politics，culture，and society，2018，31(2)：193-206.

度的政治参与，确保工作和研究内容有直接的政策相关性、能够获得持续的影响。[①] 他们利用学术学者、政治助手、企业家和媒体专家的一系列习语来构建一个独特但合成的职业身份获得资源和信誉。[②] 智库专家兼顾公共知识分子与学术公共知识分子的特征，也被认为是政治雇佣者，虽然智库研究成果受到政治和经济约束，但作为知识分子必须不断宣称与学术成果的联系。[③]

关于智库人才评价研究，高校智库是中国特色新型智库建设的重要类型，有其独特的功能定位、组织形态以及人员构成。高校智库建设具有明显的优势也存在突出的缺陷，一个根本性的重要问题就在于人员的考核评价与有效激励。在高校管理体制机制的改革深化中，以研究者为核心的智库人员考核评价体系不适应新型智库建设要求，从业者自身职业成长路径不清晰，服务于智库主要职能的可持续发展内在动力不足。高校智库研究人员面临提升组织目标期望值、个人目标期望值、个人效价的激励困境，需要从高校智库的组织目标、研究环境、成果评价、奖酬系统等方面入手，采取相应的改进措施，激发智库研究人员的活力。围绕高校智库功能定位和组织特点以及智库人员工作性质与职业发展诉求，以多通道职业发展的基本思路，探索建构针对学术型、资政型、支撑型三种智库工作人员的职业发展通道和相应的分类考核评价体系，有助于促进中国特色新型高校智库的高水平建设。[④] 人才资源是高校智库发展的核心资源，应构建新型智库多元化人才管理机制，破除体制机制障碍，多元化集聚人才，构建中国式旋转门机制，建立多元化职业发展通道，实施多元化考评激励和人才开发培养。[⑤⑥]

关于智库人才职业成长研究，职业成长理论为个体为什么以及怎样做职业规划提供基本的理论解释，个人的职业选择与其个人概念是一致的，成年期别

① Medvetz T. Murky power："think tanks" as boundary organizations[J]. Research in the sociology of organizations，2012(34)：113-133.

② Medvetz T. "Public policy is like having a vaudeville Act"：languages of duty and difference among think tank-affiliated policy experts[J]. Qualitative sociology，2010，33(4)：549-562.

③ Misztal B A. Public intellectuals and think tanks：a free market in ideas? [J]. International journal of politics，culture，and society，2012，25(4)：127-141.

④ 金志峰，杨小敏. 高校智库人员考核评价：基于职业发展通道理论的基本思路与体系构建[J]. 国家教育行政学院学报，2019(5)：62-69.

⑤ 金志峰. 新型高校智库多元化人才管理机制探析：美国的经验与启示[J]. 中国行政管理，2019(3)：148-154.

⑥ 唐平秋，蒋晓飞. 基于期望理论的高校智库研究人员激励：困境与对策[J]. 中国行政管理，2017(1)：63-66.

人的经验和反馈在个人未来职业发展中是必要的。[①] 职业成长与个人的整个工作历程相联系，反映的是一个人的事业发展轨迹和历程，涵盖职业能力的获得、职业兴趣的培养、职业选择、就职直至最后完全退出职业劳动这样一个完整的职业发展过程。[②] 教师职业生涯的成长过程是由一系列推动力构成的结构化的复杂互动关系，教师趋向于保持个人激情，选择较高社会声望和吸引力的机构，通过复杂的过程努力积极构建个人的生活轨迹。[③] 在职业成长过程中提供重要的培训及专业成长机会，将团队合作作为机构使命的核心元素，建立促进道德维度、持续地价值学习维度、专业质量维度等提升的文化环境，是促进职业成长的关键。[④]

第二节 生命周期理论

一、生命周期的理论内涵

组织的成长类似有机体，符合生物学中的成长曲线，即从诞生、成长、成熟到衰退至死亡的过程，存在着周期现象。[⑤] 组织生命周期可看作生物体生命周期现象的一种模拟(analogy)，其内涵是任何有生命个体的成长会遵循一致的且可预期的发展形态。[⑥] 组织生命周期理论将组织视为有生命的个体，以生物有机体进化的类比方式解释组织的成长、变革与演化。通过组织生命周期理论认识组织发展的规律，识别组织生命周期各阶段的特征和可能出现的问题，尽量减少问题和解决问题，使组织实现可持续发展。马森·海瑞(Mason Hairc)在20世纪50年代提出组织生命周期概念，认为组织的演变与生物学"生命周期"相似，可以用生物体生命规律来比拟组织发展及其演变过程，最早提出运用生

---

① Perna F M, Lerner B M, Yura M T. Mentoring and career development among university faculty [J]. The journal of education, 1995, 177(2): 31-45.

② 翁清雄，席酉民. 职业成长理论研究简评[J]. 预测，2010(6): 1-7.

③ Mawhinney L, Rinke C R. There has to be a better way: Lessons from former urban teachers [M]. New Brunswick: Rutgers University Press, 2019: 19-28.

④ Wetherill K, Burton G, Calhoun D, et al. Redefining professional career development in the twenty-first century: a systemic approach[J]. The high school journal, 2001, 85(12): 54-56.

⑤ Haire M. Biological models and empirical history of the growth of organizations: modern organizational theory[M]. New York: John Wiley and Sons, 1959.

⑥ Kimberly J R, Miles R H. The organization life cycle[M]. London: Jossey-Bass Publishers, 1981.

物学生命周期观点看待企业，认为企业像生物有机体一样，发展演变包括诞生、成长、壮大、衰退和消亡等过程。1972年，拉里·格雷纳(Larry Greiner)系统地提出了组织生命周期理论，从组织演变过程中的危机产生与化解的角度，提出了成长与危机交替的组织发展模式。1983年，罗伯特·奎因(Robert Quinn)认为组织生命周期每阶段在稳定发展和变革发展两阶段的循环往复中实现可持续发展。生命周期理论领域中最具影响力的是伊查克·爱迪思(Ichak Adizes)，他对企业生命周期理论进行系统论述，认为企业生命周期各阶段会遇到正常型问题和反常型问题，针对正常型问题企业采取例行解决方法，当企业走向不同发展阶段时，会出现一些反常问题，企业需要寻找外界帮助以解决问题，开发出根据企业执行功能、行政功能、创新能力和整合能力在各个时期所显示的强弱来推断企业所处阶段的诊断工具。①

二、生命周期的阶段划分

学者对组织生命周期的发展阶段进行了不同探讨，如提出五阶段论、四阶段论。随着企业从产生到成熟以及规模不断扩大，企业将经历5个发展阶段，通过创造性获得增长、通过指导与控制获得增长、通过授权获得增长、通过协调获得增长、通过合作获得增长。② 组织生命周期经历初始扩张和资源积累阶段、集权化配置资源阶段、多元化阶段、多分部结构阶段。③ 每个阶段中，企业的战略与结构这两个关键要素都会出现差异。④ 如图2-1所示，爱迪思企业生命周期划分为3个阶段、10个时期，分别是由孕育期、婴儿期、学步期构成的孕育阶段，由青春期、盛年期和稳定期构成的成长阶段，由贵族期、官僚化早期、官僚期和死亡期构成的老化阶段。⑤ 虽然，组织生命周期理论表述和阶段划分各有区别，但其核心观点基本一致：组织生命周期遵循大致相同的规律，处于不同生命周期的组织会表现出不同的特征。基于研究视角和应用目的，划分组织阶段的

---

① 周金其.基于共生理论的高校独立学院演变研究[D].杭州：浙江大学，2007：20-21.

② 郭斌.企业核心能力生命周期论[J].科研管理，2001(1)：92-100.

③ Greiner L E. Evolution and revolution as organizations grow[J]. Harvard Business Review, 1972, 76(3): 55-60, 62-66, 80.

④ Chandler A D. Strategy and structure[M]. Massachusetls: MIT Press, 1962.

⑤ Adizes I. Corporate lifecycles: how and why corporations grow and die and what to do about it [M]. NJ: Prentice Hall, 1989.

指标不一样，从而产生众多的组织生命周期理论。① 孕育阶段是组织幼年期，规模小、关系简单、员工认同度高、领导者高度集权，组织发展依赖于领导者素质与创造力。成长阶段是组织发展青壮年时期，组织能够有效满足社会需要，产品和服务规模不断扩大，组织人员数量增多，面对扩大的规模和日趋复杂的环境，开始提升管理能力和制定发展目标，通过制度化工作规范组织发展。老化阶段组织发展已经步入规模化，高层管理者专注于发展目标和发展规划，更侧重于长期战略。激励制度更加完善，有效凝聚力量，实现成员目标和组织发展目标的高度一致性。

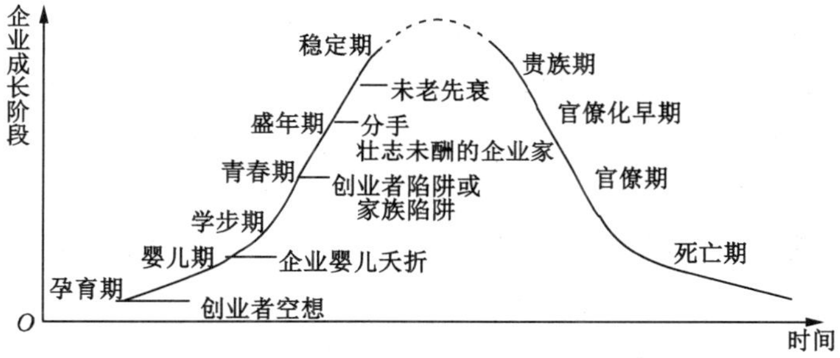

图 2-1 爱迪思企业生命周期模型

三、生命周期理论的应用

生命周期应用较成熟的领域主要集中于企业管理、产品管理领域②。企业生命周期可视为若干个演进增长阶段，每一阶段都由一个革命性危机引发，每一个危机的出现都标志着前一阶段的结束。企业生命周期理论着重对企业进行全过程研究，强调组织历史对组织创新的影响。把组织发展划分为若干阶段，分别研究每个阶段组织创新的重点。徐操志等从企业基本管理问题出发，认为企业每个时期的组织创新都应该致力于解决基本的管理问题，强调文化变革在组织创新中的作用，并认为企业应该通过对其文化及认知体系的分析促进组织的变革。③ 梁洪松通过研究企业生命周期阶段中组织创新内外部动因对组

① 蒋白赟佶. 个人一组织匹配对个人创新的影响：组织发展阶段的调节作用[D]. 金华：浙江师范大学，2017：9-12.

② 马费成，望俊成，张于涛. 国内生命周期理论研究知识图谱绘制：基于战略坐标图和概念网络分析法[J]. 情报科学，2010(4)：481-487.

③ 徐操志，完颜绍华，许庆瑞. 组织创新的生命周期观[J]. 科研管理，2001(6)：44-49.

织创新的作用机理发现，在企业成长的不同阶段，外部动因会首先通过不同的内部动因引发企业的组织创新，企业在生命周期的不同阶段对内部动因和外部动因选择和强化的侧重点也是不同的。① 关于生命周期研究最多的内容就是企业数量的演变，新产业的形成期新企业进入最多，之后进入水平开始下降，并可能发展到在产业的成熟期到达之前早期进入者会比晚期进入者成长更快、创新更多、生存期也更长。② 企业生命周期不同阶段组织创新与技术创新协同的导向关系有所差异：出生期企业处于产品创新带动技术创新为主导的模式；成长期企业处于由战略、文化、结构、制度创新带动组织创新为主导的模式；成熟期企业处于由战略、文化创新带动组织创新，产品创新带动技术创新共同弱主导的模式；蜕变期企业处于由战略、文化、结构、制度创新带动的组织创新，产品、流程创新带动的技术创新共同主导的模式。③ 产业集聚生命周期以集聚区内企业数量和质量为标志，表现为集群产生、发展、成熟和灭亡的过程。相对单个企业的生命周期，产业集聚的生命周期更长。区域资源要素及相关产业配套与企业创新能力在产业集聚生命周期中发挥重要作用。无论在产业集聚生命周期的哪个时期，营造一个好的创业与创新环境都是政策导向矢志不渝的目标。④

第三节　成熟度理论

一、成熟度的内涵及特征

"成熟"的本意，是指植物果实成长到可以收获的程度。在管理学中，成熟度被引申为事物的完善程度，是对一个事物或人的发展、成长的综合性描述和度量。⑤ 成熟度通常指特定能力从最初到期望达到目标的过程中的演化进

① 梁洪松．基于企业生命周期的组织创新动因作用机理研究[D]．哈尔滨：哈尔滨工业大学，2008：141.

② 张家伟．创新与产业组织演进：产业生命周期理论综述[J]．产业经济研究，2007(5)：74-78.

③ 吴际，石春生，刘明霞．基于企业生命周期的组织创新要素与技术创新要素协同模式研究[J]．管理工程学报 2011(4)：129-135.

④ 隋广军，申明浩．产业集聚生命周期演进的动态分析[J]．经济学动态，2004(11)：39-41.

⑤ 曾路，汤勇力，李从东．产业技术路线图：探索战略性新兴产业培育路径[M]．北京：科学出版社，2014.

度。① 作为系统整体实现最优目标的组织管理技术，成熟度模型描绘的是一个实体(entity)随着时间的推移经过若干不同成熟度水平层级的发展而达到最高水平的过程②，这个实体涵盖的范围包括人力资源、组织职能、商业行为、技术、产品，等等。③ 在计算机领域，成熟度用来衡量软件开发过程的成熟程度。④ 一般认为，美国卡内基梅隆大学软件工程研究所(Software Engineering Institute, SEI)于 1987 年 9 月开发的旨在测度软件工程成熟状态的能力成熟度模型(capability maturity model, CMM)，是最早的成熟度模型。⑤ CMM 模型提供了一个过程能力阶梯式进化的框架，基于过程的每一成熟度级别，检验其实践活动，针对特定需要建立过程改进的优先次序。如图 2-2 所示，这个阶梯分为 5 个不断进化的级别：初始级、可重复级、已定义级、已管理级和优化级。这 5 个等级共包含 18 个关键过程域(key process area, KPA)，每个关键过程域按 5 个关键实践(key practice, KP)加以组织，通过相应的关键实践来实现关键过程域的目标，以进行软件过程评估、软件过程改进及软件能力评价。⑥

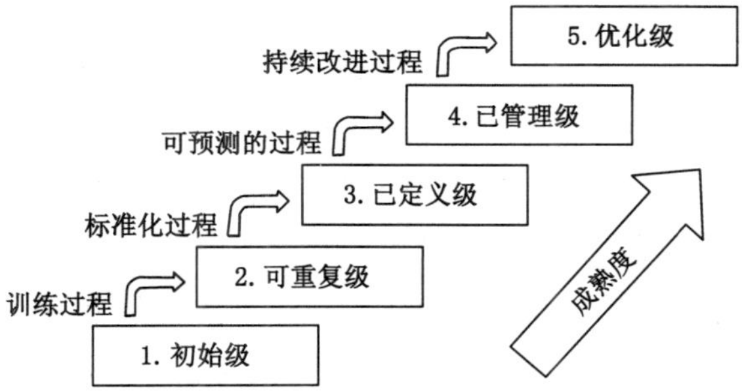

图 2-2 软件能力成熟度模型(CMM)的 5 个梯度

① Mettler T. Maturity assessment models: a design science research approach[J]. International journal of society systems science, 2011, 3(1-2): 81-98.

② 孙新波，张波，罗能. 基于生命周期理论的知识联盟激励协同成熟度研究[J]. 科学学与科学技术管理, 2012, 33(1): 60-68.

③ Khatibian N, Hasan gholoi pour T, Abedi Jafari H. Measurement of knowledge management maturity level within organizations[J]. Business strategy series, 2010, 11(1): 54-70.

④ Churchill N C, Kempster J H, Uretsky M. Computer based information systems for management: a survey[M]. New York: National Association of Accountants, 1969: 160-165.

⑤ Paulk M C, Curtis B, Chrissis M B, et al. Capability maturity model, version 1.1[J]. IEEE software, 1993, 10(4): 18-27.

⑥ Niazi M, Wilson D, Zowghi D. A maturity model for the implementation of software process improvement: an empirical study[J]. Journal of systems and software, 2005, 74(2): 155-172.

CMM 是一套软件过程的管理、改进和评估的模式和方法，5 个等级的主要行为特征如下。①

① 初始级(initial)。缺乏稳定的软件开发环境，软件开发过程是无序的，甚至是混乱的；由于缺乏健全的管理制度，无法为软件开发提供稳定的环境；项目成功依赖于某个具备较高能力的软件管理人员或开发团队的努力。

② 可重复级(repeatable)。建立了基本的软件管理制度；项目负责人能够跟踪软件的成本、进度和功能；确定并遵循项目的标准；通过制定过程纪律使项目过程处于有效控制之下，并能够重复以往相似项目的成功。

③ 已定义级(defined)。将包括软件工程和管理过程的软件过程文档化和标准化；通过培训保障员工具备必要的知识和技能；所有项目均使用经集体同意的、剪裁的标准软件过程来开发软件。

④ 已管理级(managed)。对软件产品和过程设置定量化质量目标；收集和分析软件过程的数据，对软件过程和产品进行定量化检测和控制；能够预测软件的过程和产品质量。

⑤ 优化级(optimizing)。通过主动确定和防范软件过程的薄弱环节、量化反馈软件过程以及使用新技术、新方法来对软件过程进行不断改进。

CMM 模型的核心思想在于，它通过持续演进的、具有动态尺度的标准，促使组织主体不断地改进和完善，使得软件开发管理逐步从混乱的、不成熟的过程走向成熟、规范的开发过程。由于这一理念逐渐扩展并被应用到其他领域，CMM 也因此成为成熟度范畴发展到新阶段的标志性成果。② 随着学术界对 CMM 研究的不断深入，其他学科的学者也陆续推出了各具特色的成熟度模型，具有代表性的有：Curtis 等(1997)提出了表征组织人力资源能力的成熟度模型(people capability maturity model，PCMM)；③Harigopal 和 Satyadas(2002)提出了表征企业能力成熟度的模型(enterprise capability maturity model，ECMM)；④Manjula 和 Vaideeswaran(2012)提出了表征计算机教育系统能力成

① 刘丹. 中国民营企业家创新生态系统的成熟度评价研究[D]. 沈阳：辽宁大学，2015：21.

② Niazi M，Wilson D，Zowghi D. A maturity model for the implementation of software process improvement：an empirical study[J]. Journal of systems and software，2005，74(2)：155-172.

③ Curtis B，Hefley B，Miller S. Making it personal[J]. Software development，1997，5(5)：46-51.

④ Harigopal U，Satyadas A. Cognizant enterprise maturity model (CEMM)[J]. IEEE transactions on systems man & cybernetics part C，2002，31(4)：449-459.

熟度的模型(engineering education capability maturity model,E2-CMM)。[1] 以项目管理成熟度模型(project management maturity model,PMMM)等典型的成熟度模型在组织管理领域的应用日益广泛。

成熟度模型是一种对关注领域进行评估的工具和持续改进的方法,用于把成熟度要素分成若干不同阶段,评估领域现状和所处发展阶段。成熟度模型一般由评估能力的方法、相应的评估结果以及能力提升的顺序等 3 个基本部分组成,如图 2-3 所示。[2]

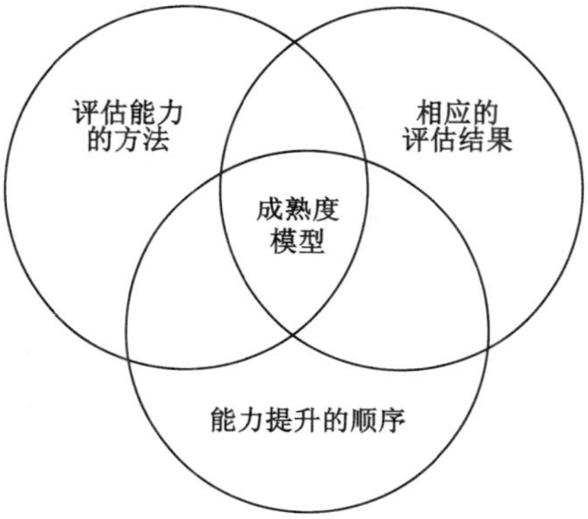

图 2-3 成熟度模型基本组成部分

(资源来源:曾伟,王良.基于成熟度模型(CMM)的创新型企业文化研究[J].科学学与科学技术管理,2007,28(3):157-161)

一般而言,成熟度模型具有如下特征:其一,简化一个实体的发展过程,并将其描述为几个有限的成熟等级(通常为 4～6 个等级),并可细化。其二,这些等级由一定的标准来界定,必须满足这些标准后才能达到某个等级。其三,从最低等级发展到最高等级,各等级之间具有顺序性(即后者是前者的进一步完善)。其四,在发展过程中,实体从一个等级到下一个等级在不断进步,不能忽

① Manjula R, Vaideeswaran J. A bootstrap approach of benchmarking organizational maturity model of software product with educational maturity model[J]. International journal of modern education and computer science,2012,4(6):50-58.

② Kerzner H. Strategic planning for project management using a project management maturity model[M]. Hoboken:John Wiley & Sons,2001.

略其中任何一个等级。[①] 总之,每一种管理成熟度模型都遵循从低级到高级、由混乱到有序、由松散到集成、由战术到战略的持续改进和优化的过程。

二、管理成熟度研究

(一) 项目管理成熟度

项目管理成熟度模型是一个组织提供评估与改进项目管理水平的框架。[②] 基于"成熟度模型"的定义,吴之明、裴文林和强茂山(2003)将"项目管理成熟度模型"界定为"描述如何提高或获得项目管理能力的过程的框架",它包含两个要素:改进的内容和改进的步骤。模型必须帮助管理者知道自己现在所处的状态和实现改进的路线图。[③] 作为一种全新的理念,借助项目管理成熟度模型,一个组织可找出其项目管理中存在的缺陷并识别出项目管理的薄弱环节,同时通过解决对项目管理水平改进至关重要的几个问题,来形成对项目管理的改进策略,从而稳步改善一个组织的项目管理水平。[④] 美国项目管理专家 Paul Dinsmore 借鉴 CMM 模型,于 1998 年提出了一个项目管理成熟度模型 Din-PMMM。[⑤] 该模型将组织的项目管理成熟度由低到高分成 5 个级别:就事论事的应对(ad-hoc)、程序规范化(repeatable)、组织化管理(organized)、整合化管理(integrated)及可持续改进(sustained)。模型提出了组织达到每一个级别所要满足的目标,便于组织利用模型进行自身评估,但是该模型对成熟度级别提升的措施研究不够深入。美国著名咨询顾问和培训师 Harold Kerzner 参考了项目管理知识体系,将项目管理能力的提升与整个组织管理能力的提升相结合,进一步提出了项目管理成熟度模型(Kerzner project management maturity model,K-PMMM)。该模型将组织项目管理成熟度由低到高分成 5 个级别:通用语言级别、通用流程级别、单一方法级别、标杆学习级别及持续改进级别。模型首先描述了组织处于各个级别的特征,然后分析了从较低级别提升到较高级

---

① Hsieh P J, Lin B, Lin C. The construction and application of knowledge navigator model (KNM^{TM}): An evaluation of knowledge management maturity[J]. Expert systems with applications, 2009,36(2):4087-4100.

② 李新晖.教育信息化绩效成熟度模型研究[J].电化教育研究,2008(7):23-27.

③ 吴之明,裴文林,强茂山.项目管理成熟度模型与组织竞争力(三)[J].工程经济,2003(10):23-29.

④ 张亚明,裴琳,刘海鸥.我国数字城市治理成熟度实证研究[J].中国科技论坛,2010(5):70-76.

⑤ Dinsmore P C. How grown-up is your organization? [J]. PM network,1998,12(6):24-26.

别遇到的障碍，最后给出了级别提升的关键措施(key actions)。① 值得强调的是：K-PMMM 超越了单纯从项目管理层面出发建立的成熟度模型，将成熟度模型建立在战略规划的高度进行考虑，所以可以认为 K-PMMM 是介于项目层面和组织层面之间的项目管理成熟度模型。2003 年 11 月，美国项目管理协会(PMI)推出了组织项目管理成熟度模型(organizational project management maturity model，OPM3)，并将其作为行业标准进行推广。② OPM3 由一个三维模型组成：第一维是成熟度的 4 个梯级；第二维是项目管理的 9 个领域和 5 个基本过程；第三维是组织项目管理的 3 个版图层次。③

成熟度管理模型目前还被进一步应用于项目管理的其他领域。Crawford(2002)探讨了成熟度模型所涵盖的不同知识领域，分析了这些领域在不同成熟度阶段的属性特征。这些领域包括：一体化管理、范围管理、时间管理、成本管理、质量管理、人力资源管理、通信管理、风险管理和采购管理。④ Pennypacker(2005)提出了项目证券管理成熟度模型(project portfolio management maturity)，涵盖 5 个成熟度阶段。⑤ Horwath(2012)在调研加拿大的图书馆项目管理现状时，借鉴企业的评估办法，设计了五级项目管理成熟度指标，其中第一级是指没有建立项目管理的标准、过程或实践，员工使用自己的方式管理项目；第二级是指仅仅对大型的受关注的项目建立了标准、过程或实践；第三级是指图书馆全馆范围的多数项目都持续地采用了实践、过程和标准，管理层也积极跟进；第四级是指整个组织(图书馆)采纳了项目管理的标准、过程和实践，并能根据既定的标准考评项目绩效；第五级是指整个组织(图书馆)采纳了项目管理的标准、过程和实践，并能根据既定的标准持续考察项目管理过程和项目绩效。⑥ 英国学者 Wilson(2015)探讨了图书馆质量文化成熟度模型，从组织管

① [美]哈罗德·科兹纳. 项目管理的战略规划：项目管理成熟度模型的应用[M]. 张增华，吕义怀，译. 北京：电子工业出版社，2002.

② Kenneth H. Organizational project management maturity model (Book Review) [J]. Project management journal，2004，35(1)：59-60.

③ Fahrenkrog S，Abrams F，Haeck W，et al. Project management institute's organizational project management maturity model(OPM3)[C]//Proceedings of PMI North American Congress，2003.

④ Crawford J K. Project management maturity model: providing a proven path to project management excellence[M]. New York：Marcel Dekker，2002：221-238.

⑤ Pennypacker J S. Project portfolio management maturity model[M]. Pennsylvania：Center for Business Practices，2005：59-68.

⑥ Horwath J A. How do we manage? Project management in libraries: an investigation[J]. Partnership：the canadian journal of library and information practice and research，2012，7(1)：1-34.

理、环境敏感度、学习型组织特征、质量意识、应变意识、领导力、员工调查、组织文化八个方面，将图书馆质量文化成熟度划分为初始级、重复级、已定义级、已管理级和持续级五级，并附上了40道自测评估题。①

随着市场竞争日益加剧，项目管理已经成为形成建筑企业竞争优势，提高产业竞争力，维护建筑施工产业安全的关键战略要素。朱广君、姚林和丛锦松(2006)系统梳理了当时流行的项目管理成熟度模型的背景、特点和用法，并创造性地发展了建筑企业组织项目管理成熟度模型C-OPM3，完善了此种企业组织项目管理的理论框架和方法。② 潘吉仁、林知炎和贾广社(2009)依据中国建筑企业项目管理实际和建设工程项目特点及其管理规范，采用比较研究和规范研究方法，对建筑企业组织项目管理成熟度的概念范围框架、模型结构、应用方法等内容进行全面性研究，提出和建立涵盖组织保障支持和组织项目管理两大系统内容的建筑企业组织项目管理成熟度的概念范围框架，构建多维的建筑企业组织项目管理成熟度模型CE-OPM3，研究设计应用模型进行测评和自改进建筑企业组织项目管理成熟度的路径和方法，包括测评要素、测评和组织自改进的导航路径以及表达测评结果的直观图等，如图2-4所示。③

针对国内大型建设工程项目管理存在的问题，贾广社、陈玉婷和薛祥东等(2014)以大型建设工程项目管理团队为研究对象，构建了大型建设工程项目管理组织成熟度模型，该模型包括循环改进过程四阶段和关键能力域两阶段。循环改进过程包括标准化、测量、控制以及持续改进4个阶段；关键过程域包括组织管理和过程管理，组织管理域包括组织结构、组织文化、计划储备以及人力资源4个方面，过程管理域涉及大型建设工程的前期准备阶段、启动阶段、计划阶段、实施阶段以及竣工阶段的关键过程。④ 基于项目办公室理论、组织及项目管理成熟度模型，祁神军、张云波和吴晶晶等(2015)根据大型建设企业多项目组织结构框架、多项目管理的战略目标，从组织支持、信息化建设、项目管理3个维度梳理出36个多项目管理成熟度的影响因素。研究结果表明：大型建设企

① Wilson F. The quality maturity model: your roadmap to a culture of quality[J]. Library management, 2015, 36(3): 258-267.

② 朱广君，姚林，丛锦松. 建筑施工项目管理与组织成熟度模型研究[J]. 管理现代化，2006(3): 58-61.

③ 潘吉仁，林知炎，贾广社. 建筑企业组织项目管理成熟度模型研究[J]. 土木工程学报，2009(12): 183-188.

④ 贾广社，陈玉婷，薛祥东，等. 大型建设工程项目管理组织成熟度模型[J]. 工程经济，2014(3): 22-29.

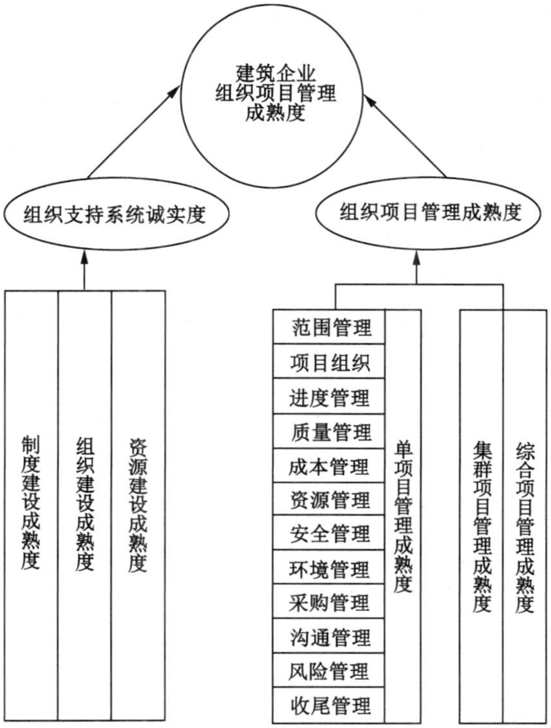

图 2-4 建筑企业组织项目管理成熟度的概念范围框架

（资源来源：潘吉仁，林知炎，贾广社. 建筑企业组织项目管理成熟度模型研究[J]. 土木工程学报，2009(12)：183-188）

业多项目管理成熟度的关键在于企业战略层面的多项目组合决策、合同管理及协调能力、财务生存能力和项目层面的控制能力，而项目集成能力及文化建设没有引起高度重视，市场营销能力甚至被忽略。①

（二）知识管理成熟度

随着成熟度模型在知识管理领域内的不断应用，知识管理成熟度模型已引起理论界和实践界的广泛关注。当前，企业面临的动态性不断增强，竞争日益激烈，因此纷纷采取新的管理技术和手段，以获取持续竞争优势。项目群管理与知识管理（knowledge management，KM）成为企业取得竞争优势的有效途

① 祁神军，张云波，吴晶晶，等. 大型建设企业多项目管理成熟度影响因素分析[J]. 华侨大学学报(自然科学版)，2015，36(5)：563-568.

径。成熟度模型以一种结构化方式来指导知识管理实践，为实施知识管理项目的各种组织提供了清晰的愿景，并用以描绘不断提升或前进的路径，从初始、混乱的阶段发展到成熟、有序的阶段。① 同时，这种成熟度分级能够明确而清楚地反映知识管理过程或活动的轻重缓急和先后顺序，此类模型具有简洁、容易理解和沟通等特性。

对知识管理成熟度(knowledge management maturity model，KMMM)的内在含义，学者们持有不同观点，目前尚未达成一致。如 Kulkarni 和 Louis (2003)指出，知识管理成熟度是组织一贯地管理自身的知识资产并有效利用使其发挥绩效的程度。② Pee 和 Kankanhalli(2009)认为知识管理成熟度是知识管理被清晰定义、管理和控制的程度，组织的知识管理成熟度模型描绘的是组织在发展知识管理过程中所期望经历的各个成长阶段。③ Kuriakose 等(2011)利用知识工程学的观点指出，知识管理成熟度是对系统、科学、定量方法的运用，它应用工程方法来发展、执行和连续提升以达到知识管理的成熟。④ 根据软件能力成熟度模型的相关概念，王伟平(2009)将知识管理成熟度定义为：企业在开发、实施知识管理过程中，为了明确定义、管理、测量、控制、优化和提高知识管理进程而建立的一种阶梯式的指导性框架体系。它的目的是为企业提供知识管理绩效评价的手段，为知识管理项目提供切入的工具，同时又为提升知识管理绩效明确道路和方向以及为知识管理的持续改善提供参考。⑤ 对于知识管理成熟度各等级，国外学者或机构构建的经典 KMM 模型中也给出了不同的界定，如表 2-1 所示。高艳和吴宇军(2012)基于创新型企业知识管理的内涵，建立了基于知识吸收、知识创造、知识应用和知识保护等 4 个维度的创新型企业知识管理成熟度四维评价模型。通过目标企业的问卷调查，运用 AHP 以及模糊综合评判法评估目标企业成熟度，并给出了其知识管理成熟度的“升级”路径。⑥ 俞

---

① Herbsleb J，Zubrow D，Goldenson D，et al. Software quality and the capability maturity model [J]. Communications of the ACM，1997，40(6)：30-40.

② Kulkarni U，St Louis R. Organizational self assessment of knowledge management maturity[J]. AMCIS 2003 proceedings，2003：332.

③ Pee L G，Kankanhalli A. A model of organisational knowledge management maturity based on people，process，and technology[J]. Journal of information & knowledge management，2009，8(2)：79-99.

④ Kuriakose K K，Raj B，Satya Murty S A V，et al. Knowledge management maturity model：an engineering approach[J]. Journal of knowledge management practice，2011，12(2)：1-14.

⑤ 王伟平. 基于成熟度视角的知识管理绩效评价研究[J]. 图书情报工作，2009，53(14)：106-109.

⑥ 高艳，吴宇军. 创新型企业知识管理成熟度模型研究[J]. 中国科技论坛，2012(4)：72-77.

红和樊庆港(2015)探索了包含知识管理三元模型、发展模型、分析模型和控制模型在内的项目群知识管理成熟度模型,既可以从不同关键域(人员、技术、过程等)维度对知识管理水平进行宏观测量,也可以从个体、团队、组织视角分别测量,并可根据测量结果与指标权重的对比,从定性与定量两个方面对项目型企业知识管理成熟度水平的提升提供改进意见。①

表 2-1 知识管理成熟度模型等级对比表

KMM 模型	第一级	第二级	第三级	第四级	第五级
Siemenz	初始级	可重复级	已定义级	管理级	最优化
SAP	初始阶段	发展阶段	提升阶段	优势阶段	领导者
APQC	初始级	发展级	标准化	最优化	创新
Khatibian	初始级	管理级	已定义级	定量管理	最优化
Svetlana	缺省级	无序层级	片段级	协调级	憧憬级
Kuriakose	缺省级	初始级	定性发展	定量发展	成熟

资料来源:俞红,樊庆港.个体、团队、组织视角的项目群知识管理成熟度研究[J].项目管理技术,2015,13(12):14-19。

(三)能力管理成熟度研究

公共项目管理是一个涉及政治、经济、历史、文化与国际环境的复杂系统,是管理科学的前沿课题。基于项目管理过程透明化、规范化与运行程序化的"成熟度途径"作为一种新的思想武器和管理工具,逐渐成为公共项目管理组织改革的重要内容。能力成熟度路径可提供一个有规律的、规范的思维模式,达到在公共项目管理组织中实行合理分权与责任约束的目的,使项目管理的目标不再仅仅局限于项目的工期、成本、质量,而是全面适应项目管理过程的发展变化,适时调度和释放资源,在每个阶段都处于相对成熟和较高的成熟度水平,可在一定程度上突破政府行政组织体系的束缚,改善项目管理环境,达到管理规范与和谐。② 能力成熟度模型一般包括三个组成要素:能力所处的状态和相应

① 俞红,樊庆港.个体、团队、组织视角的项目群知识管理成熟度研究[J].项目管理技术,2015,13(12):14-19.

② 周君,江俊龙,朱佳鑫.公共项目管理组织再造的能力成熟度路径[J].中国流通经济,2011,25(4)64-69.

结果;评价能力的方法和提升能力的途径。① Thomson 和 Solms(2006)提出了信息保密能力成熟度模型(information security competence maturity model),用以测量组织内部信息保密程度。此模型分有、无意识条件下的高、低保密能力 4 种状态,分别对应不同的成熟度水平。② Essmann 和 Du Preez(2009)将 CMM 模型引入到创新管理能力成熟度模型的构建中,其创建的模型的成熟度分为 5 个等级,即临时性创新、已定义的创新、支持性创新、整合创新和协同创新。③ 在分析能力成熟度模型应用于高校科研管理的可行性之后,杨丹和杨斌(2007)设计了高校科研管理能力成熟度模型。这一模型包括 5 个层级,分别描述达到不同能力成熟度水平的高校科研管理能力水平,如表 2-2 所示。能力成熟度模型的应用有助于高校科研管理能力的持续提升。④

表 2-2 高校科研管理能力成熟度模型

成熟度等级	管理差异	具备的成熟度特点
1. 初始级	混乱的管理	
2. 经验规范级	项目管理	项目管理方法应用于同类科研项目
3. 制度规范级	过程管理	各类科研项目的管理过程都得以定义、制度化并理解和遵循
4. 精细管理级	组织能力管理	各类科研项目的管理过程得以整合、量化、理解和控制
5. 创新管理级	变更管理	科研项目管理过程的改进已制度化,实现持续改进

资料来源:杨丹,杨斌. 能力成熟度模型在高校科研管理中的应用研究[J]. 科技管理研究,2007,27(10):148-150。

又如表 2-3 所示,孙舰、任旭和吴娜(2004)在软件能力成熟度模型(CMM)、项目管理成熟度模型(K-PMMM)和组织项目管理成熟度模型(OPM3)的基础上,结合中国建筑企业的特点,提出了建筑企业敏捷能力成熟度模型(ACMM-CE),从企业战略层面、项目运作层面和价值层面研究建筑企业的敏捷能力,并对其关键过程域的等级进行划分。然后,以战略管理层面为例,列举了 8 个关

① 郑锦荣,徐福缘. 先进制造企业技术创新能力评价及其成熟度模型的研究[J]. 科技与经济,2010,23(3):3-6.

② Thomson K L, Von Solms R. Towards an information security competence maturity model[J]. Computer fraud & security,2006(5):11-15.

③ Essmann H, Du Preez N. An innovation capability maturity model-development and initial application[J]. World academy of science, engineering and technology,2009,53(1):435-446.

④ 杨丹,杨斌. 能力成熟度模型在高校科研管理中的应用研究[J]. 科技管理研究,2007,27(10):148-150.

键过程域、22 个关键实践以及达到其成熟度等级所需的最佳实践。①

表 2-3 ACMM-CE 成熟度等级及其特征

成熟度等级	基本特征
初始级	建筑企业在战略管理、项目运作和价值提升等方面的敏捷性处于最低级水平；企业对市场变化不敏感、对客户的多样化需求缺乏热情；单个项目管理过程无序且混乱；企业依靠简单、重复的技术完成对项目建设
可重复级	建筑企业已建立基本的项目管理流程体系，能够根据不同项目的特点制定基本的建设项目计划及实施措施；在项目建设过程中能够快速、有效、合理地配置企业资源，保证人力资源、物力资源及资金得到充分利用，并实时反馈项目建设信息
已定义级	建筑企业已形成了标准的、可定义的项目管理过程；相关管理流程已标准化，全部项目均按照与实际情况相吻合的、经过适当修改的标准流程进行建设
已管理级	建筑企业更多关注管理层的指导作用；企业明确发展目标、制定长期发展战略，在项目建设过程中借助已定义的管理流程体系进行技术改进
优化级	在战略管理方面，企业有明确的发展目标，根据目标制定长期发展战略，并能够敏锐地感应环境变化并及时做出修正；在项目运作层面，企业已拥有标准的项目管理流程、不断改进技术，能够满足多类客户的复杂需求，并能够迅捷响应客户需求；在企业价值提升层面，企业内部学习能力不断提升、外部价值不断增加

资料来源：孙舰，任旭，吴娜. 建筑企业敏捷能力成熟度评价方法[J]. 技术经济，2014，33(6)：77-83。

技术创新是企业赖以获得持续竞争优势的关键性因素。目前，对技术创新能力的评价大多基于资源或绩效，但这只能间接反映企业技术创新能力。实际上，企业技术创新能力最直接地通过企业创新过程中的行为特征来表现。安景文、李园春和刘海东等(2006)阐述了企业技术创新能力成熟度的概念和评价方法，经过对创新能力指标进行相关分析优化，建立了操作性很强的企业技术创新能力成熟度评价指标体系，并选择 DEA 方法对创新能力成熟度进行评价。②陈玉和、俞其慧(2010)认为可以借鉴软件能力成熟度模型来辨识技术创新能力；而且，将企业技术创新能力成熟度分为从低到高的 5 个等级：初始级、规范

① 孙舰，任旭，吴娜. 建筑企业敏捷能力成熟度评价方法[J]. 技术经济，2014，33(6)：77-83.

② 安景文，李园春，刘海东，等. 企业技术创新能力成熟度评价指标体系研究[J]. 中国科技论坛，2006(6)：15-19.

级、战略级、优化级和协同级。① 秦德智和胡宏(2011)借鉴软件行业评估软件开发能力的成熟度模型研究企业的技术创新能力，构建了技术创新能力成熟度等级和等级特征以及每一个等级的关键过程域和关键实践，为企业技术创新能力的发展提供了清晰的目标和路径。然后，根据技术创新过程和关键过程域，基于全面性、客观性、可操作性原则，设计了一套技术创新能力成熟度评价指标体系，并且运用模糊数学理论评价技术创新能力成熟度等级，各成熟度等级及特征如表 2-4 所示。②

表 2-4 技术创新能力成熟度等级及特征

技术创新能力成熟度等级	技术创新能力成熟度等级特征
无序级	创新无目标性；个人创新的随机性
初始级	创新具有一定目标性和组织性
成长级	组织提供资源鼓励创新；建立创新组织结构和创新流程
定义级	完善的创新组织结构，创新流程规范化
管理级	完善的创新管理体系；创新深入企业文化；引导和控制创新过程
优化级	优秀的研发人员和创新设备；跟踪行业创新；持续创新提高企业竞争力

资料来源：秦德智，胡宏．企业技术创新能力成熟度模型研究[J]．技术经济与管理研究，2011(7)：53-57。

史敏、刘素华和李维思等(2013)首先对企业技术创新中的信息流动进行分析，发现企业信息流动要经过外部环境监测、评估与辨识、深入获取、分析与加工、传播和应用共 6 个环节。根据企业信息流动环节归纳出企业信息情报能力由内部信息共享能力、外部信息获取能力、创新信息分析能力和创新信息应用能力等 4 个维度组成。然后将企业信息情报能力发展阶段划分为混沌、萌芽、发展、成熟 4 个阶段，如表 2-5 所示。根据企业信息情报发展阶段，将企业信息情报能力成熟度诊断模型分为 4 个级别：混沌阶段对应第一级不规范；萌芽阶段对应第二级有规范；发展阶段对应第三级有效；成熟阶段对应第四级高效。③

---

① 陈玉和，俞其慧．企业技术创新能力成熟度模型探析[J]．西南交通大学学报(社会科学版)，2010，11(5)：70-74.

② 秦德智，胡宏．企业技术创新能力成熟度模型研究[J]．技术经济与管理研究，2011(7)：53-57.

③ 史敏，刘素华，李维思，等．面向技术创新的企业信息情报能力成熟度诊断模型研究[J]．图书情报工作，2013，57(24)：106-111.

表 2-5　企业信息情报能力成熟度诊断模型

维度	具体指标	各发展阶段显著特征
内部信息共享能力	信息意识	Ⅰ混沌-不规范：企业家和员工均无信息共享意识，无专门信息机构和人员，无共享平台与制度；Ⅱ萌芽-有规范：企业有信息共享意识，有兼职的信息人员，部门之间存在部分自发的信息共享；Ⅲ发展-有效：企业信息共享意愿强烈，有专职信息人员，有信息共享平台，共享流程规范；Ⅳ成熟-高效：企业设立了首席信息情报官（CIO），有专门信息部门与人员，信息共享平台高效运转，信息共享的监督与激励机制完善
	信息机构与人员	
	信息平台	
	信息共享制度	
外部信息获取能力	信息渠道	Ⅰ混沌-不规范：无外部信息获取意识和能力；Ⅱ萌芽-有规范：初具信息渠道建设意识，基本掌握外部信息获取方法；Ⅲ发展-有效：信息渠道固定且准确，采集方法专业，意识到环境监测的重要性；Ⅳ成熟-高效：信息渠道全面系统，采集方法专业，有完整的环境监测方案和长期的数据积累
	采集方法	
	环境监测	
	信息积累	
创新信息分析能力	方法与工具	Ⅰ混沌-不规范：没有创新信息分析意识；Ⅱ萌芽-有规范：初具创新信息分析意识，能够使用简单的分析方法和工具；Ⅲ发展-有效：创新信息分析意识强烈，可运用分析方法和工具进行信息识别、处理和加工；Ⅳ成熟-高效：可熟练运用分析方法和工具制作情报产品，建立全套分析预警模型和机制
	信息识别	
	信息关联	
创新信息应用能力	战略规划应用	Ⅰ混沌-不规范：无创新信息应用意识；Ⅱ萌芽-有规范：可进行简单的战略规划前期研究和新产品、新技术的可行性分析；Ⅲ发展-有效：可进行深入的前期研究和全面的可行性分析，基本掌握外部协同创新资源；Ⅳ成熟-高效：战略规划、新产品和新技术开发工作系统规范，可充分利用外部协同创新资源
	新技术研发应用	
	新产品开发应用	
	外部协同创新应用	

资料来源：史敏，刘素华，李维思，等．面向技术创新的企业信息情报能力成熟度诊断模型研究[J]．图书情报工作，2013，57(24)：106-111。

企业履行必要的社会责任是企业发展、员工成长与社会和谐的需要。企业社会责任的履行受到企业发展程度的影响，取决于其社会责任履行能力。朱永明（2009）依据企业生命周期理论，判别不同生命周期阶段企业应该履行的社会责任，进一步定义企业社会责任的递阶结构，分析不同级别的责任表现与特征。朱永明认为企业自身意识、政府约束和激励、社会消费公众监督、企业利益相关者的评价四方面因素的共同作用可以提高企业社会责任履行能力的成熟度。①

① 朱永明．企业社会责任履行能力成熟度研究[J]．郑州大学学报（哲学社会科学版），2009，42(6)：90-93.

朱永明参考已有的能力成熟度模型，根据企业履行社会责任本身的特点及其运作模式，构建企业履行社会责任能力成熟度模型，如图 2-5 所示。从层次上，分为初始级、成长级、规范级、管理优化级 4 层，每一层级都具备不同的管理差异和成熟度特点。而针对不同的能力成熟度，企业社会责任履行也从基本社会责任、初级社会责任、中级社会责任向高级社会责任阶段发展。虽然不同的企业在履行社会责任的过程中具有一定的个性，但都遵循这个基本规律，企业自觉履行社会责任的意识和能力越高，表明其履行社会责任能力的成熟度越高。① 刘丹、郭燕青和衣东丰(2014)将能力成熟度模型与创新生态系统理论相结合，构建了企业家创新生态系统成熟度模型(EIEMM)，利用 EIEMM 可以辨识企业家所处的创新生态系统和各关键域的成熟度水平，从而有针对性地推进企业家创新生态系统的不断进化。②

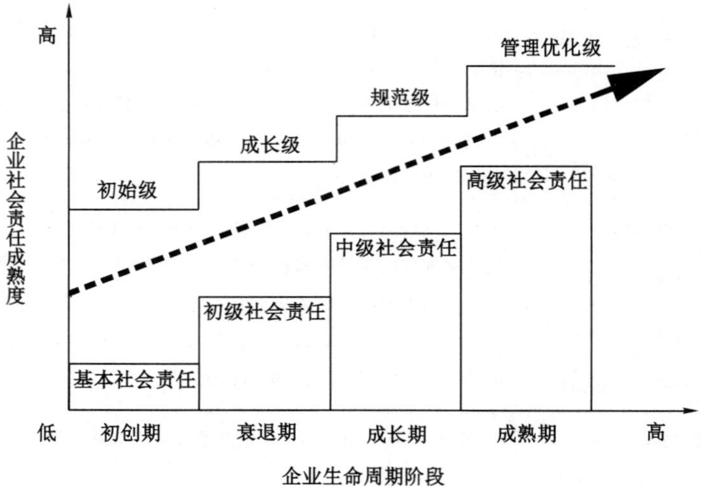

图 2-5 企业履行社会责任能力成熟度模型

(资源来源：朱永明. 企业社会责任履行能力成熟度研究[J]. 郑州大学学报(哲学社会科学版)，2009，42(6)：90-93)

企业社会责任能力成熟度是企业实现社会责任目标或构想所具有的知识、

① 朱永明. 企业社会责任履行能力成熟度研究[J]. 郑州大学学报(哲学社会科学版)，2009，42(6)：90-93.

② 刘丹，郭燕青，衣东丰. 企业家创新生态系统成熟度模型构建及检验[J]. 商业时代，2014(31)：101-102.

技能和意愿水平的综合度量，它揭开了企业社会责任从构想到行为、从投入到结果的“黑箱”。肖红军、胡叶琳、许英杰(2015)研究提出企业社会责任能力成熟度具有综合性、层级性、指向性和动态性四个方面的明显特征。通过构建企业社会责任能力成熟度评价的“钻石模型”和指标体系，他们对2013年中国上市公司市值最大的前200家公司的社会责任能力成熟度进行了评价，结果发现，中国上市公司社会责任能力成熟度整体较低，处于无能级。实证结果还显示，上市公司的规模、盈利对企业社会责任能力成熟度具有显著的正向影响，上市公司的成长性和管理人员持股比例对企业社会责任能力成熟度具有显著的负向影响，上市公司的财务安全性对于企业社会责任能力成熟度没有显著的影响。①

随着高校日益成为协同创新活动的重要主体，设计一套科学、动态、可持续的评估方法来对高校协同创新的实际能力进行评估成为创新实践活动越来越急切的需要。结合这一现实需求，方炜、薛俏和王莉丽(2017)将能力成熟度模型应用于高校的协同创新能力评估工作，提出了高校协同创新能力成熟度概念，构建了其能力成熟度评估框架，提炼和筛选了高校协同创新能力关键领域，建立了以关键子域/关键过程域目标实现程度为基准的评估指标体系和测评方法，设计了相应的评估程序。高校协同创新能力成熟度评估模型由成熟度结构模型、评估程序和改进方案构成。②（图2-6）

三、产业成熟度研究

产业发展遵循着客观的周期性规律，经历从技术研发成熟、制造能力成熟，再到新商品市场完善成熟的必然过程。产业成熟度是评价和度量产业从诞生到成熟发展过程的量化标准，反映了产业发展的完善程度。国内外学者通过探索将成熟度的理论和方法从工业技术与制造领域引入市场和产业领域，构建产业成熟度评价模型和评价指标体系。Dooley，Subra和Anderson(2001)研究了软件业以外其他产业成熟度管理与新产品研制项目成果之间的联系，发现高的成熟度与低项目成本、短开发时间密切相关。③ Cooke-

① 肖红军，胡叶琳，许英杰. 企业社会责任能力成熟度评价：以中国上市公司为例[J]. 经济管理，2015(2)：178-188.

② 方炜，薛俏，王莉丽. 高校协同创新能力成熟度评估研究[J]. 中国高校科技，2017(1)：89-94.

③ Dooley K, Subra A, Anderson J. Maturity and its impact on new product development project performance[J]. Research in engineering design, 2001, 13(1): 23-29.

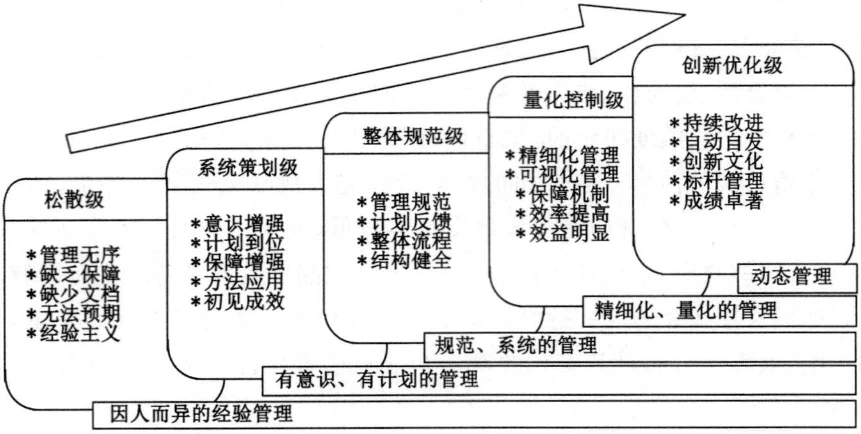

图 2-6　高校协同创新能力成熟度等级示意图

（资料来源：方炜，薛俏，王莉丽. 高校协同创新能力成熟度评估研究[J]. 中国高校科技，2017(1)：89-94）

Davies 和 Arzymanow(2003)分 10 个成熟度关键域研究了 6 个不同产业科研开发项目的成熟度情况，结果表明：石化和军工产业比医药、建筑、通讯、金融行业得分值较高。①

胡伟伟和钱钢(2007)按照产业集群生命周期理论将信息产业集群划分为 5 个成熟度级别，在设计较为全面的信息产业集群成熟度评价指标体系的基础上，运用模糊综合评价的方法确定各指标的权重，采用基于语言属性的决策方法，将指标体系中的定性评价转换为数值型结论，建立了完整的区域信息产业成熟度测算模型。最后利用 2006 年沪宁线信息产业集群的运行数据进行实证分析，分析结果与现实产业发展态势相符合，从而验证了模型的有效性与合理性。② 随着经济的发展，我国各地经济发展水平逐渐呈现了东西部发展不均衡的情况，产业转移则成为解决我国经济困境的有效办法。杨枝茂(2016)分析了产业转移的理论基础，在产业转移内涵的基础上深入探讨了产业转移成熟度的影响因素，并构建了评价指标体系，运用层次分析方法计算出了各指标的权重。③

---

① Cooke-Davies T J, Arzymanow A. The maturity of project management in different industries: an investigation into variations between project management models [J]. International journal of project management, 2003, 21(6): 471-478.

② 胡伟伟，钱钢. 信息产业集群成熟度评价模型研究[J]. 情报杂志，2007，26(12)：136-138.

③ 杨枝茂. 我国产业转移成熟度评价体系构建[J]. 商业经济研究，2016(21)：193-194.

王礼恒、屠海令和王崑声等(2016)在新兴产业发展成熟规律的基础上，结合系统工程和数据决策方法，提出了产业成熟度的理论及评价方法，以一致、规范、量化的方法评价技术、制造、产品、市场和产业的发展状态，通过综合集成第三方评审专家的评价和判断得出产业发展状况的综合评价结果，并对“十三五”末的产业方向进行了预测。① 产业成熟度评价模型及指标体系如图 2-7 所示。

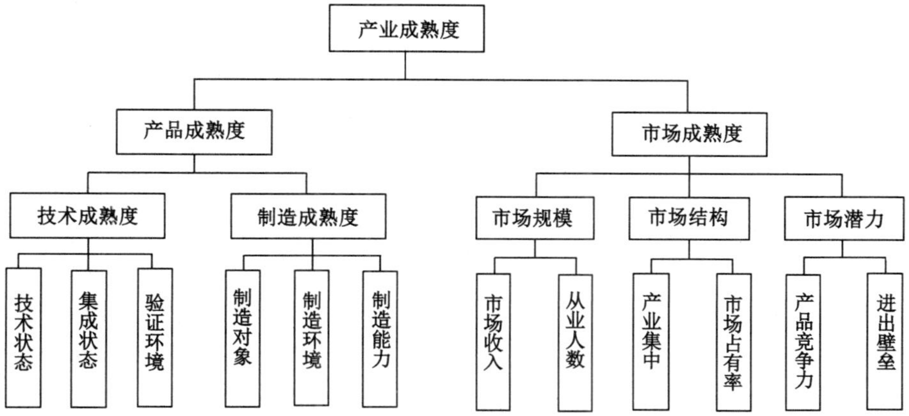

图 2-7 产业成熟度评价的指标体系

(资料来源：王礼恒，屠海令，王崑声，等. 产业成熟度评价方法研究与实践[J]. 中国工程科学，2016，18(4)：9-17)

从“成熟度”这一视角出发，王泽宇、崔正丹和韩增林等(2016)进一步提出现代海洋产业体系成熟度概念，构建现代海洋产业体系成熟度评价指标体系，并利用熵权及突变级数法，对 2001—2012 年我国沿海 11 省区(不包括港澳台)的现代海洋产业体系成熟度进行评价研究。研究发现：(1) 我国现代海洋产业体系成熟度发展经历了由单峰向多峰的演进过程，峰值中心逐渐右移，发展水平较高地区提速放缓，中间值地区发展速度增快，逐渐进入较高值区域，整体成熟度逐渐提升。(2) 基于全国均值可知，我国现代海洋产业体系总体成熟度处于第三阶段，即发展期。2001 年各省分布为“初始期—起步期—发展期—近成熟期”四个阶段，到 2012 年发展为“起步期—发展期—近成熟期—成熟提升期”四个阶段，我国现代海洋产业体系整体成熟度上升一个阶段。(3) 基于分维度层面可知，发展条件支持度整体提升一个阶段，其中广东、河北和海南实现了阶

① 王礼恒，屠海令，王崑声，等. 产业成熟度评价方法研究与实践[J]. 中国工程科学，2016，18(4)：9-17.

段性跨越；经济系统发育度在空间上仍呈现五级分化趋势，在该分维度上各省发展差异较大，其中辽宁和福建实现了阶段性跨越；资源环境持续度整体差距正逐渐缩小，但该维度有部分地区出现了阶段性退步，如天津和海南。①

电子商务成熟度这一议题也吸引了学者们的关注。Earl(2000)将电子商务成熟度模型分为外部交流、内部交流、电子交易、电子商务、电子企业、电子企业改革6个阶段。② Andersen 和 Henriksen(2006)基于电子商务系统(E-government)成熟度的研究，提出了公共系统国产改造成熟度模型(public sector process rebuilding maturity model)，该模型分为客户导向和活动导向两个维度和发展/扩展/成熟/改革4个阶段。他们通过对110个企业或部门的分析，列出了每个阶段不同维度的特征。③

戚裔彬、蒋录全、姜克萍(2010)研究提出金融中心成熟度评价体系包含金融环境、金融规模、金融聚集度、金融服务和金融人才5个方面，这5个准则层用14个指标加以细化。④ 邓敏和蓝发钦(2013)运用基于综合效益的门槛回归模型对多个发达国家和发展中国家1980—2005年面板数据进行分析，通过考察初始条件对开放增长和风险效应的作用，建立金融开放初始条件成熟度评估系统并分析中国现阶段开放条件成熟度。研究表明，金融发展、制度质量、贸易开放和宏观经济政策等对金融开放结果有显著门槛作用。⑤ 徐玉莲、赵文洋和张涛(2017)提出了"科技金融成熟度"概念，从科技金融资金总量、科技金融投资绩效、科技金融结构和科技金融环境4个方面构建科技金融成熟度评价指标体系，设计科技金融成熟度综合指数与分项指数计算方法。基于中国科技金融发展数据进行实证研究，结果表明，2003—2013年科技金融资金总量指数、科技金融环境指数、科技金融成熟度综合指数呈上升趋势；科技金融投资绩效指数从2009年开始呈上升趋势；科技金融结构指数变化趋势不明显。由此得出，中国科技金融成熟度处于政府引导下优化发展阶段，并提出相关对策建议。⑥

---

① 王泽宇，崔正丹，韩增林，等．中国现代海洋产业体系成熟度时空格局演变[J]．经济地理，2016，36(3)99-108.

② Earl M J. Evolving the e-business[J]. London business school review, 2000, 11(2): 33-38.

③ Andersen K V, Henriksen H Z. E-government maturity models: extension of the layne and lee model[J]. Government information quarterly, 2006, 23(2): 236-248.

④ 戚裔彬，蒋录全，姜克萍．金融中心成熟度评价体系实证研究[J]．上海管理科学，2010，32(1)：38-41.

⑤ 邓敏，蓝发钦．金融开放条件的成熟度评估：基于综合效益的门槛模型分析[J]．经济研究，2013(12)：120-133.

⑥ 徐玉莲，赵文洋，张涛．科技金融成熟度评价指标体系构建与应用[J]．科技进步与对策，2017，34(11)：118-124.

四、组织成熟度研究

(一) 政府组织成熟度

在组织行为研究领域,以成熟度作为研究视角的文献近年来逐渐增多,其中比较有代表性的是政府组织、企业组织和高等教育组织。

随着近年来在应急管理建设上的持续投入,我国各级政府和部门处置各类突发灾害的基础设施和物资装备等方面的硬件条件得到了大幅度提升,应急能力建设的重点正面临着向提高应急过程的动态组织协调、加强事前预防和防范、提升科学化规范化管理程度、改进应急处置管理绩效的方向转变。田军、邹沁和汪应洛(2014)结合这一现实需求,将能力成熟度模型应用于政府的应急管理能力评估工作中,提出了政府应急管理能力成熟度概念,构建了应急管理能力成熟度评估框架,提炼和筛选了综合体现不同成熟度层级的政府应急管理能力关键过程(域),建立了以关键过程目标实现程度为基准的评估指标体系和测评方法,设计了相适应的评估程序,并结合陕西省政府应急管理能力评估进行了实证研究。① 他们设计的政府应急能力成熟度等级特征分类如表 2-6 所示。

表 2-6 政府应急能力成熟度等级特征分类表

等级/特征	一般特征	流程管理	团队与人员	时间管理	信息管理
初始级	应急管理过程无序甚至混乱	缺少基本流程,指挥和运作处于无章法和步骤可循的状态,决策过程往往依赖个别人的努力和机遇	应急管理效果取决于具体人员的个人素质,团队成员的任务不清,责任不明	救援和物资供应处于散乱状态,缺乏对时间的管控	信息杂乱无序,有效的采集和发布不及时、不到位、不准确
可重复级	已建立了基本的应急管理过程,完整性规范性不足	应急决策、指挥和调度有章可循并能重复以往取得的成功,对应急管理过程的进度、状态能有效监管	应急管理质量依赖成员对过程的理解和掌握,任务分配和管理有一定规则	救援与物资供应时间可以掌控在有效范围,轻重缓急有序	信息采集和发布平稳有序,形成较完整的信息流

① 田军,邹沁,汪应洛.政府应急管理能力成熟度评估研究[J].管理科学学报,2014,17(11):97-108.

表 2-6(续)

等级/特征	一般特征	流程管理	团队与人员	时间管理	信息管理
已定义级	过程规范化管理,采用标准化流程,具有可追溯性	过程均已文档化、标准化,并形成了标准的管控过程,制度体系健全,记录完整规范	人员接受过相应的培训与演练,协同能力强,组织管理绩效可控	具有较强的时间控制能力,操作规范化、标准化	信息收集与传递过程得到良好定义,记录完整,信息准确
定量管理级	应急管理各过程得到了定量的认识和控制	应急管理过程有详细的度量标准,各项管理工作建立在定量分析的基础上,有相对稳定的管理模型	应急管理团队内部人员与外部人员沟通良好,双方协作工作,协调性好	具有较强的时间意识,能够定量度量相应过程的时间配置	信息收集与传递过程得到良好监督与控制,能及时查漏补缺
持续改进级	能够从优化角度处理问题,并形成持续的改进过程	对来自过程、新概念和新技术等方面的各种有用信息能够定量分析,流程及整个组织,改进持续而有效	整个应急组织存在强烈的团队意识,所有成员都能参与组织管理的改进	能够持续动态地对时间进行优化控制与调整	信息动态跟进,能够及时调整与补充

资料来源:田军,邹沁,汪应洛.政府应急管理能力成熟度评估研究[J].管理科学学报,2014,17(11):97-108。

张宇杰、安小米和张国庆(2018)针对政府大数据治理的现状、能力和发展路径不清晰等问题,提出评估和优化政府数据治理计划和策略的成熟度测评指标体系。通过对成熟度概念、信息治理、数据治理和大数据治理等核心概念界定,对政府大数据治理的成熟度研究现状及成果进行归纳,总结形成大数据治理的成熟度要素,构建政府大数据治理成熟度评测指标体系,提出政府大数据成熟度评测模型,可以作为当前政府大数据发展自我测评和改进的工具,同时还可以作为不同地区之间政府大数据治理能力的比较基准。①

(二)高等教育组织成熟度

成熟度模型在高等教育管理领域的研究近些年刚刚起步。朱守信和杨颉

① 张宇杰,安小米,张国庆.政府大数据治理的成熟度评测指标体系构建[J].情报资料工作,2018,39(1):28-32.

(2015)认为，以成熟度评价为基准的质量管理模式能够给予高校充分的办学自主空间，从质量目标的设置到过程措施的采取都由学校自主确定，外部只负责审查质量目标的合理性，衡量过程管理措施是否有效得力，进而判断质量管理的成熟度。如果运用得当，成熟度评价将会成为协调高校自主内涵发展与政府宏观质量管理的政策杠杆。① 作者还认为，成熟度标准是基于一种持续提高和不断改进的质量理论视角，把办学质量看作一个不断自我完善的进程，因而强调建立在校本管理之上的自我评价。成熟度评价功能不是发现高校与其他学校的办学质量差距，而是让高校能够基于本校办学实际情况开展自评，找到自身办学活动中的薄弱环节和欠缺之处并予以改进。②

此外，随着多种新兴信息技术在高校教育教学业务中的深度应用，高校信息化的绩效导向、工作重点、建设与运行模式都发生重大改变，高校信息化进入智慧校园建设阶段。在“面向过程”的评价理念和评价原则指导下，马宁和余胜泉(2010)构建了学校信息化建设成熟度(ICS-CMM)模型。该模型将学校教育信息化建设从低到高分成初始级、基本级、发展级和变革级 4 个层级，并从管理机制、软硬件环境、工具的应用水平和师资水平等 4 个核心要素入手，设置了 18 个关键过程域。这为测量某一学校信息化建设的水平提供了一个有序的级别。③ 蒋东兴、吴海燕和袁芳等(2017)分析了影响高校智慧校园建设与应用发展状态的关键因素，并在此基础上提出了高校智慧校园成熟度模型及其评价指标体系，以期引导高校智慧校园建设有序演进。④ 高校智慧校园成熟度模型从智慧类技术应用情况、智慧型应用开展情况和智慧型业务融合情况 3 个维度进行评价，将智慧校园建设与发展状态划分为 4 个阶段：萌芽阶段、集成阶段、融合阶段和创新阶段，如图 2-8 所示。

(三) 企业组织成熟度

企业管理模式的成熟度分析模型的建立，是将企业管理的对象划分成一系

---

① 朱守信，杨颉. 高等教育质量管理的基本矛盾：成熟度评价视角[J]. 国家教育行政学院学报，2015(11)：51-54.

② 朱守信，杨颉. 基于成熟度评价的高等教育质量标准构建[J]. 江苏高教，2015，184(6)：10-13.

③ 马宁，余胜泉. 面向过程的学校信息化建设评价及成熟度模型建构[J]. 远程教育杂志，2010，28(1)：13-17.

④ 蒋东兴，吴海燕，袁芳，等. 高校智慧校园成熟度模型与评价指标体系研究[J]. 郑州大学学报(工学版)，2017，38(2)：1-4.

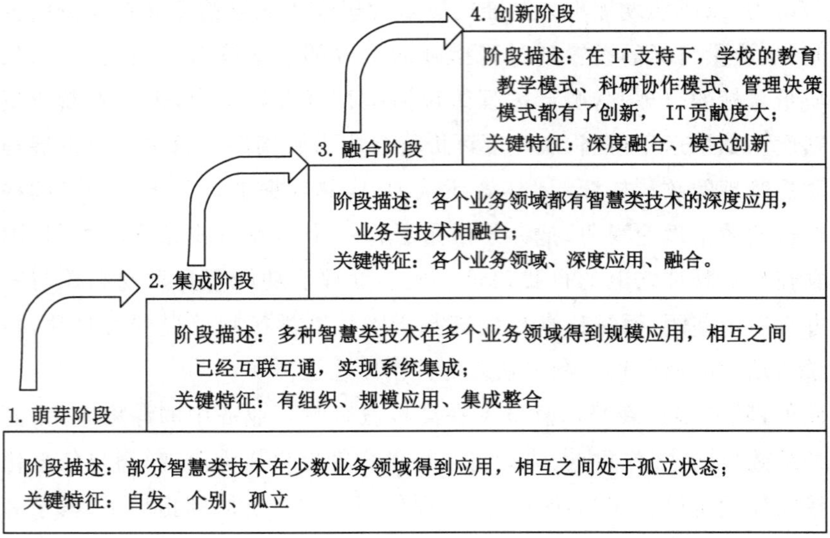

图 2-8 高校智慧校园成熟度模型

（资料来源：蒋东兴，吴海燕，袁芳，等.高校智慧校园成熟度模型与评价指标体系研究[J].郑州大学学报（工学版），2017，38(2)：1-4）

列的管理模式特征，以表达可识别的行为和可认知的特征。① 林永毅和李敏强(2008)结合流程成熟度模型的研究成果和业务流程管理的发展趋势，提出了“六级四维”的企业业务流程管理成熟度模型，将业务流程管理的成熟度分为初始、重复、定义、管理、优化和创新六级，从管理活动、组织岗位、企业文化和IT支撑四维度定义了业务流程管理在各个级别的评价标准，有助于企业评估流程管理能力，推动持续性业务流程管理。② 通过对我国五省区企业质量管理实践的调查，苏秦、宋永涛和刘威延(2010)对中国企业质量管理现状进行了整体评价，并依据全国质量奖评奖标准，对企业质量管理成熟度进行了聚类分析，检验了组织背景对企业质量管理实践实施的影响。研究发现：中国企业拥有一定的质量管理基础，但核心管理实践还比较薄弱；中国企业质量管理成熟度可以分为4个层次，处于不同成熟度的企业，其质量管理存在显著的差异；此外，企业

① 葛星，王惠芬.企业管理模式的成熟度分析模型[J].暨南学报（哲学社会科学版），2004，26(5)：31-38.

② 林永毅，李敏强.企业业务流程管理成熟度模型研究[J].现代管理科学，2008(7)：93-94.

规模对实施质量管理实践具有显著的影响。[①]

企业战略成熟度反映了企业战略意识及战略行为有效性的程度，体现了企业的持续性市场竞争能力。王玉和赵涛的研究(2004)主要从5个方面考察中国企业战略成熟度：① 企业核心业务的显著度，即企业是否建立了明显的核心业务(以核心业务销售额占企业全部销售额的比重反映)，以及核心业务在市场上的竞争力(以核心业务的市场占有率衡量)；② 企业利用各种战略类型的能力，以开展新业务的途径来反映；③ 企业经营的战略目标，以开展新业务的目标反映；④ 战略的共享程度，以答卷人知晓战略的途径反映；⑤ 影响战略成功的关键因素，以答卷人对本企业战略的评价来反映。[②] 王玉和张化东(2006)应用情景领导理论中根据下属成熟度进行有效领导的分析逻辑，定义了战略成熟度的概念。在战略成熟度的研究框架下，考察企业提高战略能力的两大类因素：战略洞察力和战略执行力，从而改善了战略分析模型在分析内容和分析工具方面的不足。文章还通过因子分析法在调研问卷中提取了战略洞察力因子、战略灵活力因子、战略变革力因子和战略适应力因子，并做4个因子对战略绩效的回归分析。实证结果表明，在中国企业战略成熟度因素中，战略洞察力要优于战略执行力。[③]

企业信息化成熟度指按照信息化水平对企业实行等级分类，并以此评判企业在信息化各方面的成熟特征，针对已经实行信息化的企业，用一个或几个关键指标对企业信息化的各相关环节进行定量评估，对企业信息化的过程实行等级分类，并明确描述各级特征。企业信息化成熟度是对企业信息化水平和实施情况的一个综合评价。[④] 如何正确评价企业信息化成熟度水平以及企业信息化建设的实施效果，是当前学术界密切关注的管理问题。邱长波、张佳和施梦(2007)从企业信息化基础条件和信息系统应用水平两个方面提出了企业信息化成熟度的13个评价指标，根据对66家企业的调研结果，采用主成分分析方法对13个评价指标进行了降维分析，得出了企业信息化成熟度综合评价指标体系，如图2-9所示。根据这些综合指标对66家企业的数据进行了聚类分析，

---

① 苏秦，宋永涛，刘威延. 中国企业质量管理成熟度研究[J]. 科学学与科学技术管理，2010，31(9)：172-177.

② 王玉，赵涛. 中国企业的战略成熟度分析[J]. 财经研究，2004，30(8)：122-133.

③ 王玉，张化东. 战略成熟度因素探索：基于中国经验的实证分析[J]. 财经研究，2006，32(11)：105-114.

④ 梁春阳. 论信息化绩效评估与信息化建设评估的异同[J]. 图书馆理论与实践，2008(6)：45-47.

提出了企业信息化成熟度阶段分类模型，得出企业信息化的 5 个发展阶段：信息化准备阶段、信息系统引入阶段、信息系统集成共享阶段、信息系统企业外延伸阶段、信息系统决策支持阶段。① 以信息化成熟度模型为基础，孙璐、董毅明和陶福平（2007）建立医药企业信息化成熟度评价指标，采用 BP 神经网络的成熟度等级的定量结果；分析各成熟度等级的关键实践；把该综合评价体系应用于典型的医药企业，得到其成熟度等级并提出建议。② 陈慧和王娟（2015）通过对信息化成熟度模型和信息化成熟度指标的研究，构建了企业信息化成熟度三维评价模型，并初步形成信息化成熟度的评价维度。③

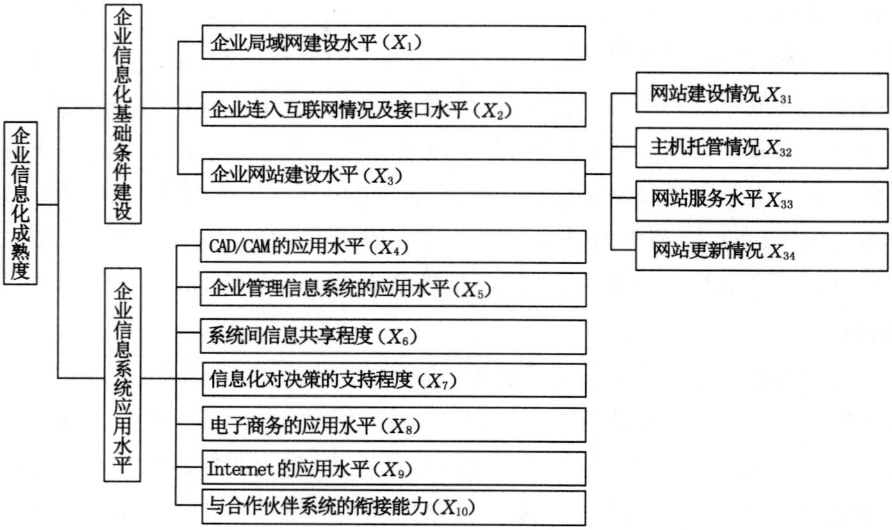

图 2-9 企业信息化成熟度评价指标体系

（资料来源：邱长波，张佳，施梦．企业信息化成熟度阶段分类模型[J]．吉林大学学报（工学版），2007，37(4)：976-980）

随着我国企业信息化进程的不断深入，企业建设信息系统由原有传统技术核心逐渐转向管理和技术并重。徐绪堪和卞艺杰（2010）从信息生态视角研究和分

① 邱长波，张佳，施梦．企业信息化成熟度阶段分类模型[J]．吉林大学学报（工学版），2007，37(4)：976-980.

② 孙璐，董毅明，陶福平．医药企业信息化成熟度综合评价应用研究[J]．科技管理研究，2007，27(6)：193-195.

③ 陈慧，王娟．企业信息化成熟度三维评价模型研究[J]．北京邮电大学学报（社会科学版），2015，17(2)81-87.

析企业信息系统建设和管理过程中存在的问题,分析企业信息环境现状,借助软件能力成熟度模型,提出企业信息生态环境成熟度萌芽级、基本级、渗透级、成熟级以及优化级5个级别,提供企业信息生态环境成熟度模型应用步骤,为企业信息环境各级别建设提供依据。企业信息生态环境成熟度模型是表征信息生态环境从低级向高级发展,由简单到复杂不断提高的动态过程,如表2-7所示。①

表2-7 企业信息生态环境成熟度模型

级别	特征
Ⅰ萌芽级	企业信息系统建设启动环节,企业信息化基础设施缺乏,没有形成规范企业信息系统建设和管理机构,没有人员规划和管理企业信息系统,企业人员对企业信息系统重要性不了解,企业业务流程不规范,从企业发展角度看,建立企业信息系统十分必要
Ⅱ基本级	企业配备基础企业信息化基础设施和财务软件,没有单独企业信息系统规划和管理人员,明确企业信息系统建设和管理的部门,企业员工了解企业信息系统重要性,对企业业务流程有一定了解
Ⅲ渗透级	企业业务流程管理比较规范,对企业信息系统建设有规划雏形,企业领导重视企业信息化建设,已经建立单个信息系统,配备专门企业信息化相关人才,在企业生产运行过程中采用标准规范流程运营
Ⅳ成熟级	企业有专门信息系统建设和管理部门,有信息系统项目立项、招标、过程管理以及运行维护等整套管理制度和规范,企业员工信息化意识较强,已经建立完善企业内部网络,已建立比较完善的企业信息系统,具有信息系统维护和管理专业团队,各业务部门非常配合企业信息系统建设和运行维护
Ⅴ优化级	企业信息化氛围浓厚,各业务部门流程的管理经验逐步形成知识,注重企业知识的积累和管理,促进企业组织机构和战略不断优化,形成企业信息系统建设良性循环

资料来源:徐绪堪,卞艺杰.基于信息生态视角的企业信息生态环境成熟度研究[J].情报杂志,2010,29(7):58-60。

伴随着世界经济一体化以及竞争全球化的程度越来越高,企业在日常经营中所处的环境发生了重大变化,所面临的风险及各种不确定性因素也越来越多,有效发现及应对风险成为现代企业科学化管理的重要内容。刘俊颖和何溪(2012)认为传统的独立而分散的风险管理方法已经无法满足当代建筑企业的需要,建议建筑企业应实行集成的新型风险管理模式以保障企业生存和健康发展。他们通过问卷调查发现,我国建筑企业风险管理能力还比较薄弱,因此提出将成熟度理论引入建筑企业的全面风险管理中。在分析AC模型、智能模型

① 徐绪堪,卞艺杰.基于信息生态视角的企业信息生态环境成熟度研究[J].情报杂志,2010,29(7):58-60.

和三维模型优缺点的基础上，运用专家调查法构建了建筑企业全面风险管理成熟度模型（ERM3）及其评价指标体系，建立了完整可操作的 ERM3 模型。[①] 盖峰（2014）围绕企业全面风险管理，介绍了风险管理成熟度模型，并将此引入到企业风险管理体系中，在分析了风险管理智能模型等相关模型的优缺点之后，构建了企业全面风险管理成熟度模型及相应的指标评价体系，如表 2-8 所示。[②]

表 2-8　企业全面风险管理成熟度体系中的评价指标

分类	指标
企业内部环境	高层管理人员具备强烈的全面风险管控意识；企业全体员工都具备强烈的风险管理意识；企业的内部审计部门及相关的监管部门能够对企业的风险进行有效的监控；定期以及不定期的全面风险管理交流或者培训；制定并有效执行了全面风险管理准则；具有兼职或者全职的风险管理机构；企业能够在内部使用统一的全面风险管理语言等
风险管理制度和风险管理流程	企业全体职工都能够具体描述包括全面风险管理内容的相应职位和职责；企业全面风险管理报告级别清晰明确；企业全面风险管理体系中的总目标及分目标明晰；已经确立了清晰的全面风险管理策略，包括风险承受度以及风险偏好等；管理者能够全面识别企业项目层次及其他相关流程业务中的风险因素；有效识别企业层面中的各种风险因素；能够合理使用风险评估中的定量及定性方法；在进行风险评估时做到定性与定量的方法结合；在企业项目这一层次上实现对全部业务部门的科学风险管理指导；风险管理信息和风险管理执行等能够在整个企业范围内及时交流；建立并健全企业全面风险管理档案，并将相关的风险管理信息录入企业数据库中；在企业的项目层次及企业的管理层次中形成关于企业重大经营风险的应急预案
风险管理执行	将风险管理作为企业管理战略的重要组成部分；企业管理者在进行日常的管理决策时会充分考虑相应的风险管理因素；实现经营风险的合理组合；企业在进行项目设计及管理时能够通过合同等手段来跟企业的利益相关者共同承担企业风险；企业明确了在发生重大经营风险时的紧急应对方法；企业明确了在项目层次以及企业管理层次中发生企业风险事件时的明确责任人；企业的经营风险以及相应的经营风险应对过程和方法可以在项目结束之后得到完整、全面的整理以及积累，为日后管理提供经验支持；企业能够定期或者不定期地对全面风险管理体系进行评估，有效及时发现问题并进行改进

资料来源：盖峰. 企业全面风险管理成熟度模型研究[J]. 商业时代，2014(17)：102-103。

① 刘俊颖，何溪. 建筑企业全面风险管理成熟度模型研究[J]. 科技进步与对策，2012，29(18)：48-52.

② 盖峰. 企业全面风险管理成熟度模型研究[J]. 商业时代，2014(17)：102-103.

五、研究小结

尽管成熟度模型在相关行业中得到了广泛应用和认可，但学术界对成熟度模型的研究仍然存在不足。第一，产品成熟度和产业成熟度模型还相对简单，对于不同组织管理的改善和评估的实践在理论上还缺乏足够的支撑，模型需要细化。第二，能力成熟度模型的研究多集中于技术创新成熟度研究，而融合技术创新和管理创新于一体的创新管理能力成熟度模型的研究还相对较少。第三，组织管理成熟度模型指标大多基于 CMM 模型，或者来源于项目管理和知识管理领域，与组织实际管理实践还存在一定程度的脱节。

成熟度是指事物从研究已经发展到能产生效果的成熟程度，它着眼于连续不断的提高，以达到最高目标成熟水平。任何事物都有其存在、成长的生命周期，都有其所处不同阶段的成熟程度，高校智库也不例外。组织管理成熟度模型是近年来管理科学领域的一个研究热点，而聚焦智库发展的成熟度模型及其应用研究尚处于开始探索的阶段。笔者认为，高校智库成熟度模型可以引入一个分级提升的系统结构，它由若干有限的成熟层次构成；每一个层次都可以细化，并由一定的用户需求来界定，必须满足那些需求才能达到某个层次；由低层次发展到高层次，各层次之间具有渐进性。同时，基于不断提升和改进的视角，区分智库组织管理能力的不同等级，建立智库成熟度评价体系，将是高校智库深化成果评价和应用转化机制改革的有效路径。

当前，我国高校新型智库研究方兴未艾，其内涵、定位、标准还有待明确，运行机制还有待完善。尤其是在智库评价体系构建方面存在三个突出问题：一是智库评价机构这个主体尚缺乏一定的独立性和权威性；二是智库评价的客体内容缺乏统一、公开、标准化的信息渠道；三是智库评价标准、方法和指标体系的科学性尚待完善。① 在关于中国特色新型高校智库评价标准的研究中，为了保证评价标准的科学性和合理性，可以借鉴组织管理成熟度模型，分析高校智库的生命周期，明确高校智库管理成熟度的定义，建立高校智库管理成熟度等级模型。笔者建议，通过综合指标和分项指标评测结果与等级模型的对比来发现制约高校智库管理能力提升的瓶颈指标，进而提出持续改进高校智库管理成熟度等级的方法，不断提升智库管理水平和影响力。

科学合理的指标体系是开展评价的关键。只有借鉴吸收、综合考虑现有智

---

① 杨亚琴，李凌. 构建中国特色新型智库评价体系[N]. 文汇报，2016-01-28(11).

库评价方法和评价指标的长项和短板，探索符合我国国情的高校智库评价模式，才能推动新型智库建设不断走向制度化、规范化。基于成熟度的中国特色新型高校智库评价研究将更多地考虑影响智库管理水平的各种要素之间的相互作用，全面、系统、动态地衡量我国高校智库管理效率和服务效能，并通过工作流程的实施和改进，实现提升高校智库管理水平和影响力的目的，不断深化高校智库评价机制的学理研究。

第三章　高校智库发展的生命周期

高校智库历经形成期、蓬勃发展期和成熟期等发展生命周期。在需求拉动力、创新驱动力及政策引导力的作用下，高校智库通过发展战略、管理体制、运营机制、社会网络实现组织的构建与功能的发挥。高校智库以解决现实政策问题为战略导向、社会捐助基金提供资源保障、政产学研深度融合、组织建制形态多元化，成为提升大学文化软实力的重要标志。

第一节　基于生命周期的高校智库发展阶段划分

当前国内外研究已经取得一定意义上的共识，即现代意义上的智库起源于美国。高校智库作为一种体量庞大的智库类型，在美国智库发展中发挥了重要的作用，因此对美国智库的历史形成与发展状态进行系统性追溯和研究，一定程度上可以反映出高校智库发展的生命周期特征。经典的组织生命周期理论强调以生物进化的类比方式来解释组织的成长与改变等现象，将组织的发展特性视为与生物一样，因其所承担的任务、服务的群体以及环境的变化而产生、发展和消亡的过程。① 纵观高校智库的发展历程，其发展的每个阶段不仅深受政治、经济和社会的影响，还是世界政治格局发展的缩影。经过文献研究发现，智库的形成和发展基于特定的社会背景，具有一定的时代共生性特征，而且在不同的政治经济和社会历史阶段也呈现出不同的发展脉络特征。具体表现为：20世纪初至第二次世界大战期间，智库发展缓慢。第二次世界大战之后智库迅速增长，高校智库的数量迅速攀升。在20世纪60年代左右，有意识形态倾向的智库增长数量超过了没有明显意识形态的智库数量。因此，依据智库发展特征，可以将其生命周期划分为形成期、蓬勃发展期和成熟期三个阶段。

① 王薇.学校发展阶段评价解释模型的建立及应用：基于组织生命周期理论[J].教育科学研究，2012(3)：36-42.

一、形成期:20世纪初

19世纪末20世纪初是美国从自由资本主义向垄断资本主义、从乡村为中心的农业国家向以工业化和城市化为主要特征的资本主义工业化国家进行社会转型的重要变革期,经济转型伴随着深刻的现代社会的社会结构和政治结构的历史性变迁,同时也面临着前所未有的社会危机和文化碰撞。19世纪下半叶开始美国经济结构发生了重要转变,经济从传统工业向现代大机器工业化生产过渡,劳动密集型经济逐渐为资本密集型经济所替代,现代工业生产中逐步使用批量生产及其新兴技术。美国鼓励海外移民前往美国以促进经济发展和社会繁荣,移民为美国提供了大量的劳动力和先进的生产技术,大力促进了美国经济与社会的迅速发展。① 20世纪30年代,美国出现了以"大萧条"为特征的经济危机,不仅对美国经济秩序带来巨大冲击,而且对社会生活、政治、文化和教育等多个领域都带来重要的影响。大萧条时期,美国经济遭遇重创,国民收入急剧下降,失业人数激增,社会矛盾空前激化,这都对美国长久以来极力推崇的资本主义民主政治制度带来了巨大的挑战。

为适应美国社会现代化进程中出现的一系列重大变革及经济迅速发展与社会转型的迫切需求,维护经济自由和社会公正的基本精神准则,美国兴起了旨在改造美国社会的进步主义运动,以回应美国现代化变革,有效平衡诸如进步与平等、发展与美好、自由与团结等国家转型发展面临的复杂关系和社会矛盾。在进步主义运动影响下,社会各界和政府共同参与多元治理,强调通过专家决策推进民主治理,解决公共问题并影响政策制定,提高政府效率,推动民主政治的发展。② 在此过程中,以变革美国教育为目的的教育思潮开始涌现。美国现代化进程为教育提供了更多的物质资源,同时强化了学校的社会功能以及教育运行的社会基础。进步主义教育是美国最重要的教育思潮,对20世纪美国教育的变迁轨迹产生了深刻的社会影响。进步主义教育作为进步主义运动的重要组成部分,是进步主义运动的基本精神理念在教育领域的映射,其主旨是通过学校去改善个人生活,通过教育可以根本上消除无知、愚昧和罪恶,促进人性的改良和社会的改造,推动社会向更高阶段

---

① 袁伟华. 权力转移、国家意志与国际秩序变迁[D]. 天津:南开大学,2015.

② 王涵. 美国进步时代的政府治理:1890—1920[D]. 上海:复旦大学,2009.

发展。[①] 进步主义教育对后续美国高等教育发展产生了重要影响，作为一种以进步观念为基础的影响广泛的教育思潮，主张通过教育的改革，促进社会改造和人的发展，推动社会进步。

基于解决国家转型和经济社会发展面临的诸多社会问题的现实需求，科学研究和科学知识对于解决问题、促进社会发展的重要性日益显现。众多怀有家国情怀和社会责任感的慈善家、政治家，开始着力参与促进科学研究的行为，在一定程度上推动着智库的生成与发展。慈善家以社会关切和家国情怀为己任，捐款成立研究机构做客观性的应用研究。慈善基金的注入，为美国高校智库的形成与发展提供了天然的资金来源保障。1907 年，慈善家塞奇夫人捐款成立塞奇基金会(Russell Sage Foundation)，致力于改善社会生活，在资助慈善机构、改善女工权益、提升初等教育、促进以社会调查和统计分析为基础的社会科学发展方面起了先驱作用。[②] 1910 年，慈善家安德鲁·卡内基捐款成立卡内基国际和平基金会(Carnegie Endowment for International Peace)，致力于研究和促进世界和平，对公众进行和平教育，促进世界免受战争威胁。1916 年，慈善家罗伯特·布鲁金斯成立政府研究所，运用科学方法研究联邦政府管理及公共政策问题，1922 年和 1924 年又分别创建经济研究所和公共政策研究院，1927 年三个机构合并为布鲁金斯学会(Brookings Institution)，发展成为美国历史上第一个现代意义上的智库。1929 年，洛克菲勒基金会资助数百万美元用来强化研究型大学的社会服务功能及其社会科学领域研究，捐款成立如耶鲁大学国际研究所、哥伦比亚大学俄罗斯研究所等，[③]作为较早设立于研究型大学的智库机构，为国家转型及经济社会发展贡献科学研究和知识储备。

政治家组织社会精英进行信息资料搜集和应用对策研究，为维持国家稳定提供前瞻性研究。1919 年，赫伯特·胡佛向斯坦福大学捐款成立胡佛研究所(Hoover Institution on War, Revolution and Peace)。研究所收集与第一次世界大战有关的历史资料，以教育后代了解战争、革命与和平的历史知识，成为世界上最大的政治、经济和社会变化史料文献收藏地，为日后胡佛研究所发展成为国际知名智库奠定了基础。1921 年，为威尔逊在第一次世界大战中出谋划策的精英学者组建了美国外交委员会(Council on Foreign Relations)，成立伊始

---

① 张斌贤."世纪难题":什么是进步主义教育[J].教育研究,2020(1):61-74.

② 金亮.拉塞尔·赛奇基金会研究(1907—1919 年)[D].上海:华东师范大学,2012.

③ 胡钦晓.美国私人基金会支持大学科研的发展特点分析[J].现代大学教育,2012(5):35-41.

即发展成为 20 世纪美国最有影响力的智库，美国政府通常以其提出的政策作为国家外交政策。1930 年之后，美国经历经济大萧条，国内社会矛盾激化，贫穷、种族、不公平、失业等社会问题层出不穷。罗斯福曾招募来自哈佛大学和哥伦比亚大学的学者为他提供非正式咨询。[①] 政治家召集不同领域专家进行政策咨询并组建常态化情报信息组织，这最终促成了智库的制度化和组织化建设。

在 20 世纪初美国向现代化国家转型发展的特殊历史时期，在众多慈善家及政治家的共同努力和资金支持之下，具有智库特征的从属于大学或独立的研究机构逐渐登上历史舞台，致力于开展专业的关切国家未来发展、社会科学进步、提升经济发展状况、推动人民改善生活的实用性科学研究，在此基础之上高校智库作为一种组织在美国具有了现代雏形。

二、蓬勃发展期：第二次世界大战后至 20 世纪 90 年代

第二次世界大战之后，美国基础领域的科研中心已经转移至研究型大学。研究型大学作为国家创新体系的核心，在国家战略需求和经济社会发展中扮演着重要的角色。第二次世界大战以来美国面临的历次危机，都是依靠以研究型大学为核心的科学研究活动得以解决的。1957 年苏联发射第一颗人造卫星，为应对美苏争霸维护美国全球霸主地位，美国集聚第二次世界大战时期参与曼哈顿工程的研究型大学的科研力量开启阿波罗计划，为提升美国国家竞争力做出了重要贡献。鉴于研究型大学的科学研究在第二次世界大战时期的卓越表现，第二次世界大战之后，伴随美国经济持续发展及国际竞争时局的需求，联邦政府迫切需求高水平技术专家和科学研究者的智力支持，因此开始注重研究型大学科研的投入，召集工程师、物理学家、生物学家及社会科学家通力协作，解决国家发展面临的军事、科技、经济及政治问题，开展基于国家发展的“战略研究”成为国家使命。美国大科学先驱范内瓦·布什（Vannevar Bush）写给罗斯福的报告《科学：没有止境的前沿》产生了重大影响，强化了科学研究和知识创新对国家发展的重大意义。为实现通过科技发展促进国家竞争力提升的愿望，维护世界超级大国地位，保持领先的竞争力，美国政府大幅提升大学科学研究的资助力度、竭力提高科研经费。

冷战期间，美国政府科研主要基于意识形态竞争，不断扩大联邦对研究型大学，特别是涉及国防研究领域的科研资助。在此背景之下，众多智库及智库

① Zhu X. The rise of think tanks in China[M]. London：Routledge，2013：25.

性质的研究机构应运而生，落户于研究型大学。为增强军事战略研究，福特基金会捐赠100万美元于1948年成立兰德公司(Rand Corporation)，作为国家军事战略研究的机构，为美国政治、经济、军事和外交等重要事务决策提供支持。为更深刻地了解国际发展形势，维持美国国际地位并进行宏观战略布局，卡内基基金会捐款成立耶鲁大学东南亚研究所、密西根大学日本研究所、宾夕法尼亚大学印度研究所、哥伦比亚大学欧洲研究所、西北大学非洲研究所等开展区域问题研究。① 1961年哈德逊研究所(Hudson Institute)成立，通过跨学科研究辅助解决美国在国防、国际关系、经济、医疗、科技、文化和法律等领域面临的问题。1968年林登·约翰逊成立城市研究所(Urban Institute)，致力于研究美国的城市问题。② 美苏争霸赛间接促成美国众多战略研究型智库的形成和崛起，许多智库基于研究型大学的学科研究优势、高水平人才储备和良好的科学研究氛围而落户于研究型大学，这类战略研究型智库为辅助解决第二次世界大战之后及冷战期间美国国防、军事、政治及社会发展诸多方面的战略问题，以及通过前瞻性研究为国家战略布局提供决策咨询建议发挥了重要作用。

20世纪60—70年代，党派的竞争对不同类型党派倾向智库的成立产生了重要的推动作用。比如，新保守派知识分子热衷于政治对话以影响政策制定者的决策，这为保守派智库尤其是20世纪70年代智库的数量激增创造了良好的环境。自里根政府以来，大量保守派思想倡导型智库公开倡导智库的党派倾向及政治倾向。③ 相关公司及基金会的捐赠也在一定程度上推动了保守型智库数量的迅速增加，以传统基金会(Heritage Foundation)和卡托研究所(Cato Institution)为代表。④ 传统基金会的创始人保罗·维利奇(曾任参议院新闻秘书)和爱德文·福伊尔纳(曾任国会议员行政助理)，长期在国会山工作，他们认为当时的立法政策制定过程缺乏保守派的观点，有必要成立一家独立的保守派政策机构。在其他保守派捐助者和基金会资助下，1973年传统基金会成立。作为美国保守派组织，传统基金会主要支持新右派观点，重点关注智库思想营销、政策游说及相关政策制定，

① Lagemann E C. The politics of knowledge: the carnegie corporation, philanthropy, and public policy[M]. Middletown: Wesleyan University Press, 1989: 173-178.

② Hartwig P. New labour in government: think tanks and social policy reform, 1997—2001[J]. British politics, 2011, 6(2): 187-209.

③ McGann J G, Sabatini R. Global think tanks: policy networks and governance[M]. London: Routledge, 2011: 73.

④ Rich A. Think tanks, public policy, and the politics of expertise[M]. Cambridge: Cambridge University Press, 2004: 72.

为保守派争取利益。自由党主席兼总统大选顾问艾德·克雷恩认为最好有一个持自由主义观点的智库,在国家公共政策讨论中产生影响力,在石油商人及亿万富翁查尔斯·科赫(科赫家族基金会)的赞助下,于1977年创建了卡托研究所。在相似情况下,20世纪70年代中期美国共成立了109家保守派智库。[①] 保守派智库通常被描述为雇佣者的马厩,从事影响某个特定方面的政策制定及整个政策方向的活动,根本目的被认为是为所在党派和利益集团服务。

20世纪80年代以后,随着竞争性经费获取难度的增加以及基金会和政府优先资助项目领域和范围的变化,智库更加注重通过思想营销获取资金支持,美国政策倡导和政策游说型智库迅速发展。政治人物为倡导其政治观点而建立政治遗产型(Vanity or Legacy-based)智库,重新包装思想增强信任度,以卡特中心(Carter Center)和尼克松和平与自由中心(Nixon Center for Peace and Freedom)为代表。[②] 卡特中心由吉米·卡特于1982年建立,主要致力于促进解决国际冲突,推动民主和人权。尼克松和平与自由中心由理查德·尼克松于1994年建立,目标是继续推进尼克松主义,资金来源于尼克松基金会和部分企业、社会团体的捐助,秉持尼克松主义的思想理念,反对按美国模式来改造世界的外交思维。

三、成熟期:21世纪

智库概念出现在第二次世界大战后的政治词汇中,用来指从事经济学、政治学、工业技术发展战略、政治问题等领域研究的组织。近年来,智库已经不仅仅是科学和知识分子生活中的一种现象,而是一种大范围的社会政治现象,影响远远超出科学和教育领域。智库组织是联系社会科学理论和实践的纽带,尽管大多数智库仍然是科学组织,但它们与商业组织有许多共同之处,被称为“创意经纪人”“思想的销售者”。进入21世纪,智库发展迈入成熟期,其典型特征体现为规模更加庞大、组织更加集聚、影响力更加多元。

(一)规模更加庞大

研究型大学通过培养社会所需的多学科人才为区域经济社会发展提供高水平人才蓄水池,通过开展高水平科学研究参与构建区域创新体系,推动区域

① [美]安德鲁·里奇.智库、公共政策和专家治策的政治学[M].潘羽辉,等译.上海:上海社会科学院出版社,2010:46.

② Donald E A. Do think tanks matter? Assessing the impact of public policy institutes[M]. Montreal:McGill-Queen's University Press,2002:23-35.

经济社会可持续创新发展。追溯大学的发展历史，每一阶段经济社会发展模式的跃升式变迁都离不开大学的改革发展：中世纪大学的兴起及其培养的文法神医类专业人才推动了欧洲的文化复兴和学术发展；德国柏林大学改革开创了通过科学研究服务社会需求的先河；美国威斯康星大学将人才培养、科学研究、社会服务三大核心职能确立为大学的核心功能，将服务社会确立为现代大学的中心地位，推动使用大学的资源和能力竭力为社会经济发展服务。大学理念演变的历史是大学逐渐从社会边缘走向社会中心，更好地服务经济社会发展的历史。世界历史发展的经验证明，大学的变革与服务社会需求具有天然的难以割舍的联系，更好地适应社会、服务社会是大学与生俱来的使命与担当。为更好地服务不断变化的经济社会发展需求，大学需要适时的变革，虽然经济社会的发展对大学社会服务功能的需求内容和方向有所不同，但大学服务社会的本质功能一直延续至今。

进入21世纪以来，全球高校智库规模膨胀，除了研究型大学社会服务功能更加深入人心以外，还与特定时期的政治经济形势及其面临的机遇与挑战高度相关。新全球化时代到来，国际政治处于“百年未有大变局”时代，世界面临前所未有的全球治理困境。国际政治形势动荡，全球金融危机影响深刻，各种社会矛盾和种族、民族、宗教冲突频发，世界多极化、经济全球化深入发展，文化多样化、社会信息化持续推进，全球合作向多层次全方位拓展，气候变化、能源资源、公共卫生安全等全球性问题突出，国际和地区热点问题此起彼伏。在国际金融危机以及众多全球性问题的影响下，世界加速进入经济大动荡、格局大调整、体系大变革、模式大发展的新阶段，逆全球化趋势显现。金融次贷危机、贸易逆差等重大事件促使美国修整全球化路径，实行经济收缩战略，美国凭借其超级大国地位与雄厚的经济实力主动扭转全球化进程、欧洲国家呈现不同程度的“逆全球化”现象、欧盟一体化危机、右翼思潮的泛滥等等，这些都对全球政治意识形态、国际大国关系、世界经济发展造成了巨大而深远的影响。① 处于全球政治与经济格局大发展、大变革、大调整的关键时期，中国亟须做出相应战略应对，保持全局性、宏观性和战略性大方向，扩展国际合作空间，重构新型大国关系，积极发展与世界各国友好关系，参与国际规则制定，争取参与全球治理的主动权，实现构建人类命运共同体的宏伟目标。

面临日益复杂且不确定的国内外环境，政府要解决的政策问题日益复杂，

① 唐辉.“逆全球化”态势研究[D].武汉：华中师范大学，2017：1-2.

对及时性信息分析的需求增多，政府官员面临信任危机，为解决复杂现实问题及促进决策民主化，更加注重寻求政策建议，与此同时信息技术革命促进智库加强内部治理和智库运营，这些因素都促使高校智库数量及其影响力迅速提升。充满不确定性的国际政治经济形势，给国家治理带来了巨大的挑战，迫切需要一批高水平智库加强国内外政治经济等关系国家前途命运问题的深入研究，为新形势下重构国际战略合作关系提供强有力的智力支撑。

研究发现，截至 2000 年，90％的美国智库是在 1951 年之后创建的。① 智库数量的盲目激增也容易引发系列问题，由于智库产业鱼龙混杂及其政策游说倾向影响，国家对智库的信任度日益下降，智库资助者倾向于资助短期项目，政策研究的捐赠资金逐渐减少，智库机构因适应能力弱、创新能力不足而面临来自政策倡导型组织、营利性咨询公司等机构的激烈竞争。这些智库发展存在的短板问题都为高校智库发展带来了巨大的生存空间，基于研究型大学相关学科门类齐全、高水平专业人才集聚的优势地位，应当充分发挥高校智库资政启民的作用，加强相关问题的储备性研究，为服务国家战略需求、优化国际治理格局、建设更加美好的世界而担负起更多的责任。

（二）组织更加集聚

世界一流大学对人类文明进步和经济社会发展具有杰出贡献、对服务国家重大战略需求乃至世界政治进步具有助推功能，是世界高等教育改革和发展的领头羊和科技创新的集大成者。世界一流大学具有多学科研究的综合优势、集聚了一大批高层次人才和团队，有战略使命和基础优势建设一批高水平智库，对高水平智库具有天然的吸引力和培育能力。

从世界范围来看，高校智库呈现出明显的向经济发达国家和地区转移，尤其是向发达国家和地区的世界一流大学集聚的趋势。如表 3-1 所示，以 2019 年全球智库排名为例，美国全球百强高校智库总数位居全球第一，其全球百强高校智库有 28 个，占全球百强高校智库总数的比例约为 30％。英国全球百强高校智库总数位居全球第二，其全球百强高校智库为 8 个，占全球百强高校智库总数的比例约为 9％。中国和新加坡全球百强高校智库总数并列位居全球第三，其全球百强高校智库均为 6 个，均占全球百强高校智库总数的比例约为 6.5％。

---

① McGann J G. How think tanks are coping with the future[J]. The Futurist, 2000, 34(6): 16-23.

表 3-1　2019 年全球百强智库所在区域及大学的数量分布

国家/地区	全球百强高校智库数量	大学名称	全球百强高校智库数量
中国	6	北京大学	2
		清华大学	3
		中国人民大学	1
英国	8	邓迪大学	1
		剑桥大学	1
		伦敦国王学院	1
		伦敦政治经济学院	1
		牛津大学	2
		苏塞克斯大学	2
印度	1	贾瓦哈拉尔·尼赫鲁大学	1
伊拉克	1	穆斯坦西里耶大学	1
亚美尼亚	1	州立经济大学	1
匈牙利	1	中欧大学	1
新西兰	1	惠灵顿维多利亚大学	1
新加坡	6	南洋理工大学	1
		新加坡国立大学	5
西班牙	1	纳瓦拉大学	1
乌干达	1	马凯雷雷大学	1
危地马拉	1	危地马拉山谷大学	1
土耳其	1	文化大学	1
瑞士	2	瑞士联邦工学院	1
		圣加伦大学	1
日本	1	早稻田大学	1
南非	2	威特沃特斯兰德大学	1
墨西哥	2	国立自治大学	1
		墨西哥大学	1

表 3-1(续)

国家/地区	全球百强高校智库数量	大学名称	全球百强高校智库数量
美国	28	宾夕法尼亚大学	3
		布朗大学	2
		哥伦比亚大学	3
		哈佛大学	6
		莱斯大学	1
		麻省理工学院	1
		马里兰大学	1
		蒙特雷国际研究所	1
		纽约大学	1
		普林斯顿大学	1
		乔治梅森大学	1
		斯坦福大学	2
		威廉玛丽学院	1
		耶鲁大学	1
		约翰·霍普金斯大学	3
肯尼亚	1	内罗毕大学	1
捷克共和国	2	捷克科学院	2
加拿大	2	西蒙·弗雷泽大学	1
		英属哥伦比亚大学	1
荷兰	1	乌得勒支大学	1
韩国	1	首尔大学	1
哥斯达黎加	2	哥斯达黎加大学	1
		国立大学	1
哥伦比亚	1	哥伦比亚国立大学	1
法国	1	巴黎政治大学	1
俄罗斯	3	俄罗斯总统国民经济和公共管理学院	1
		国立研究大学	1
		莫斯科国际关系学院	1

表 3-1(续)

国家/地区	全球百强高校智库数量	大学名称	全球百强高校智库数量
德国	3	柏林自由大学	1
		波恩大学	1
		赫尔特治理学院	1
丹麦	1	哥本哈根大学	1
比利时	1	布鲁塞尔弗里耶大学	1
巴西	2	巴西利希尔大学	1
		里约热内卢天主教大学	1
巴基斯坦	1	南方科技大学	1
澳大利亚	5	澳大利亚国立大学	2
		邦德大学	1
		悉尼大学	1
		悉尼科技大学	1
总计	91	总计	91

如图 3-1 所示,从位居全球百强的高校智库所隶属的大学及其世界大学排名来看,全球百强高校智库所在大学的世界排名分布存在着向世界一流大学集聚的普遍性现象。在 QS 2019 和 THE 2019 排名中,高校智库隶属的大学中有 41 所大学(占比 45%)位居全球前 50。在 US News 2019 排名中,高校智库隶属的大学中有 38 所大学(占比 42%)位居全球前 50。在 ARWU 2019 排名中,高校智库隶属的大学中有 16 所大学(占比 18%)位居全球前 10,32 所(占比 35%)大学位居全球前 50,47 所(占比 52%)大学位居全球前 100。

以美国为例,美国聚集了全球数量最多的百强高校智库,这些智库主要分布于世界顶尖一流大学,如哈佛大学(6 个)、哥伦比亚大学(3 个)、宾夕法尼亚大学(3 个)、斯坦福大学(2 个)、普林斯顿大学(1 个)、约翰·霍普金斯大学(3 个)、耶鲁大学(1 个)、麻省理工学院(1 个)、莱斯大学(1 个)、布朗大学(2 个)、马里兰大学(1 个)、纽约大学(1 个)、乔治梅森大学(1 个)、威廉玛丽学院(1 个)。哈佛大学因其卓越的学术研究声誉及悠久的历史传承、全球最顶尖的人才等因素而在智库建设方面颇有建树。作为美国较早开展智库建设的大学之一,哈佛大学积极延伸科学研究的资政启民、服务国家战略需求的社会服务职能,敏锐捕捉公共政策的及时性需求、有效拓展经费来源、准确定位服务领

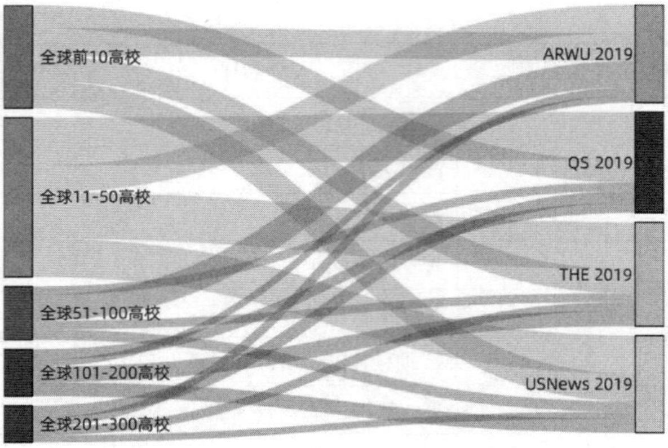

图 3-1 全球百强高校智库所在大学的世界排名分布

域、吸纳高层次人才，建成了令世人瞩目的一流大学智库群。

再以当前我国高校智库为例，绝大多数智库集聚于一流大学建设高校和一流学科建设高校。我国共有 6 个全球百强高校智库，主要分布于清华大学、北京大学和中国人民大学，分别为北京大学国家发展研究院和国际战略研究院、清华—卡内基全球政策中心、清华—布鲁金斯公共政策研究中心、清华大学国情研究院、中国人民大学重阳金融研究所。

（三）影响力更加多元

智库思想市场衍生的优胜劣汰的市场化竞争机制，促使智库不断提升政策研究的质量和水平，更加注重提高政策研究对决策者的影响力，更加及时回应政治经济及社会需求，更加理性地逐步走向追求高质量的成熟化发展之路。

进入 21 世纪，美国高校智库对政策的影响力日益增强，逐渐成为全球高校智库的典范。美国高校智库在此阶段出现了影响力多元化的发展趋势。自 20 世纪 80 年代后，美苏进行了军事、国防、外交等领域全方位的较量，美国高校智库的研究目的开始趋于多元化，不仅为了政府决策的科学化，更是为了适应冷战的发展。哈佛大学组建的俄罗斯研究中心就是冷战的产物。为了在冷战中处于优势地位，美国战略情报局指使卡尼基公司资助建立专门的俄罗斯研究中心，鉴于哈佛大学已经制订了俄国问题研究计划，因此该公司便决定由哈佛大学负责筹建该研究中心。该中心以“为了满足国家认识冷战对手的紧迫需要”为任务，主要研究苏联和东欧国家的政治、经济、军事、文学、历史、社会结构等议题。20 世纪 90 年代后世界格局出现多极化趋势，随着全球化对人类社会影响的不断扩大，全球智库快速发展，呈现繁荣之势。美国高校智库在国际舞台上日益活跃，其研究视野不再仅局限于本国政策研究，逐步扩展到全球性问题，由此产生了一大批围绕全球、地区和国家重大事务问题进行研究的新型高校智库。例如，哥伦比亚大学 2013 年在肯尼亚首都内罗毕设立“全球中心”，该校智库地球研究所跟进学校的全球化战略，在肯尼亚开展了一系列旨在推动当地社会可持续发展的研究项目。①

伴随新一轮科技革命的浪潮，为了应对国与国之间的激烈竞争，适应信息化时代的发展，美国高校智库加快自身体制机制的变革，充分运用多样化的现代科学技术的成果，提高自身的信息搜集、加工、分析能力以及政策服务的能力，实现研究方法的多元化。美国高校智库强调基于严谨的学术研究得出科学可信的结论，重视科学研究方法的使用和开发，在研究资料的建设过程中，研究资料的收集和组织愈来愈注重分析资料背后的逻辑联系，发掘其中潜在的规律。美籍华裔历史学家、社会学家李中清(James Lee)曾任密歇根大学中国研究中心主任，他就极力倡导将量化数据库应用于历史研究，认为计量的研究方式不是为了确定原先的假设，而是通过数据库的统计挖掘去分析有没有重要的史实可以发现。李中清及其团队通过收集整理大量档案资料、社会调查、家谱、碑铭及口述资料，建立了 18 世纪至今的中国历史数据资料库。②

综上所述，在不同的生命周期阶段，高校智库每个阶段的情况和特点都有所不同，面临的问题、压力和挑战也各不相同。美国智库的崛起，伴随着智库与政府、与媒体、与社会关系的磨合，以及智库内部运行机制的完善和思想市场体制的形成。因此，高校智库建设只有在不同时期采取不同的措施来保证组织的形成、发展与变革，才能使智库的学术团队更好地发挥效能，完成好特定使命。面对新的发展形势，我国高校也应将智库建设作为创建世界一流大学和一流学科的契机，借鉴国外高成熟度智库的发展经验，提升高校在社会发展、国家建设及参与全球治理中的话语权，逐步提高高校智库的全球竞争力和影响力。

第二节　基于生命周期的高校智库发展动力机制

如前文所述，智库历经形成期、蓬勃发展期和成熟期等发展生命周期。如

---

① 侯定凯. 国外一流高校智库的全球扩张[J]. 中国高教研究，2015(8)：14-15.

② 袁曦临，吴琼. 从北美“中国研究”发展历程看智库研究范式之转变[J]. 情报资料工作，2019，40(3)：13-18.

图 3-2 所示，智库的演进与其政治体制和社会背景紧密相关，主要是在需求拉动力、创新驱动力和政策引导力三种动力机制的作用下，通过智库的发展战略、社会网络、管理体制与运行机制四个载体来实现智库组织形式的建构及其社会功能的发挥。

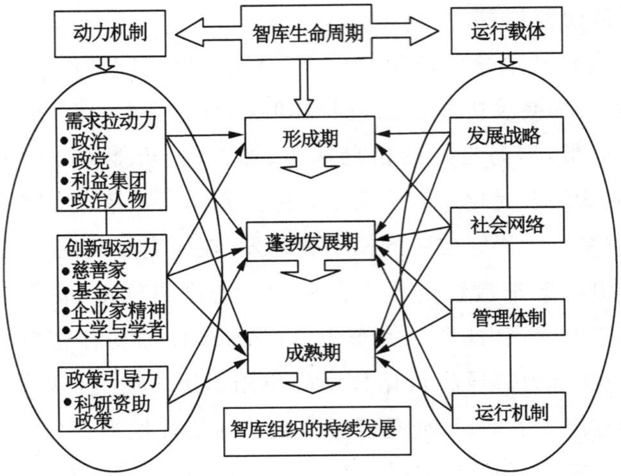

图 3-2　基于发展生命周期的美国智库动力机制及演进机理

一、需求拉动力

高校智库以解决现实政策问题作为战略导向，明确的战略定位是高校智库发展的前提。美国智库发展战略通常定位为服务公共政策，并视高水平研究为实现公共政策服务的基础：聚焦某些领域，产生高水平研究成果；传播思想，将知识转化为政策，进行政策倡导，影响政策制定，是为政府出谋划策的“点子工厂”。美国智库的发展归因于政治、政党、利益集团及关键政治人物的需求。由于政府治理面临许多复杂性和紧迫性的重大问题，单独依靠政府进行战略决策日益暴露出问题。为解决复杂现实政策问题，需借助于外脑提供新思想方案，因此对高水平专业化智库的需求日益强烈和迫切。由美国国会建立的高度分散化和碎片化的政治体系，以及弱小的党派、官僚高层的高度流动性为智库塑造公众舆论和公共政策提供了大量的机会。① 剥离智库意识形态的倾向及利益

① ［加］唐纳德·E. 埃布尔森. 国会的理念：智库和美国外交政策［M］. 李刚，等译. 南京：南京大学出版社，2017：126.

集团的偏好，面向需求侧，筛选客观性高质量思想成果，提高政策效率和社会应用价值，成为美国智库重要的发展方向。

社会环境的变革为智库的形成与发展提供了重要的外部驱动力量，智库应及时有效回应经济社会发展重大现实需求，参与公共政策讨论。第二次世界大战后，世界经济受到重创，各国政府都面临着恢复重建、发展经济和维护社会稳定等一系列问题。为解决这一系列问题，美国率先建立起高校智库组织，为政府提供专业的决策咨询和政策服务。据统计，2009 年美国共有 1777 个智库，其中 90.5%成立于 1951 年以后，900 多家智库附属于某一高校。① 由此可见，美国高校智库大多在此阶段产生并初步发展，当时政府还格外鼓励研究型大学参与政策咨询。例如麻省理工学院在这一时期每年有近 200 名教职工(约占学院总人数的 1/3)承担政府决策咨询服务，他们用于政策咨询的时间共为每年 5 万小时，他们为政府提供的咨询服务均是义务性和志愿性的。② 在政府的倡导下，这一时期的高校智库发展也跟上了世界经济和政治恢复发展的步伐，在智库的思想成果、人员结构、组织规模等方面都有较大进步。这一阶段涌现了大批顶尖的高校智库，例如成立于 1958 年的哈佛大学国际事务中心，它秉承鼓励各学科学者和其他国家的高级官员对世界根本问题进行研究的宗旨，以美国社会经济和政治发展以及世界政治、经济、军事等方面为研究内容，为美国经济的迅速恢复建言献策。智库扮演政府决策的理性外脑、利益代言及社会监督的角色。智库没有决策权，作为独立于政府之外的咨询机构，运用专家知识提供决策方案。③ 在政策建言过程中，智库能否对政府决策产生影响力也决定着其成败。美国智库能够辅助解决现实政策问题并产生强大的政策影响力，主要得益于政策环境、市场需求、研究质量和政策营销。

二、创新驱动力

中国成为仅次于美国的全球第二大智库国，但中国高影响力的智库数量与发达国家相比较少，这与中国面临的纷繁复杂的国际环境和新时代经济社会的发展需求都极不适应。中国从“智库大国”走向“智库强国”的道路上仍面临艰巨的任务，最突出的表现是智库创新能力不足以及智库知识产品向决策需求的

① [美]詹姆斯·麦肯，何乐.全球智库调查报告[J].中国市场，2009(29):64-65.

② 曾开富，王孙禺.战略性研究型大学的崛起:1917—1980 年的麻省理工学院[M].北京:科学技术文献出版社，2015:35.

③ 朱旭峰.中国思想库:政策过程中的影响力研究[M].北京:清华大学出版社，2009:12-16.

转化率低。创新被视为通过新技术将研究成果转化成生产力并进行扩散的系统化过程，其所有环节相互关联形成前后衔接的创新链条。① 提升高校智库创新能力的关键是构建完整的创新链条，推动高校智库科研创新再上新台阶。

最早提出创新链（innovation chain）概念的是经济学家约瑟夫·熊彼特（Joseph Schumpeter），他认为科学研究成果与其实际应用之间还存在断裂带，需要构建创新链条，发挥连接性质的纽带作用，加速推进科研成果的转化及应用。② 从构成要素来看，创新链包括基础研究及应用研究领域的知识生成、知识转移和知识扩散全过程，其中每个环节都会对创新应用产生影响。③ 然而，创新链各环节间并非线性关系，而是交互影响，实现创新活动有效衔接、创新资源有序流动和价值增值。④⑤ 从创新链主体来看，政、产、学、研多主体合作促进创新链条优化并提升创新绩效，不同主体知识生产及扩散机制、利益分配机制、评价机制等需要进行合理设计。⑥ 可以看出，创新链借助于知识创新载体，将不同的创新参与主体及创新要素建构于目标一体化过程，其存在的价值在于维持不同创新环节的循环连续，促进各创新主体开展创新活动，如果创新链发生断裂，那么创新活动将难以持续。高校智库创新链是指将高校智库创新过程中各要素之间的前后衔接关系视为一个循环运转的链条。高校智库创新过程中的不同创新活动之间相互依赖、密切联系、彼此影响，共同构成了一个复杂的创新系统，且呈现出创新链条式的交互式影响状态。高校智库创新链中不同环节的交互衔接程度，直接决定着智库创新链的运行效果和价值实现。然而，高校智库从知识创新、知识转化到服务决策需求环节的链条上，依然存在不少缺陷，高校智库创新链条的断裂及其结构性失衡成为阻碍高校智库发挥社会功能的关键障碍。⑦ 打破高校智库创新链条不同环节的壁垒，构建高校智库创新链的结构

① OECD EUROSTAT. "Oslo Manual", guidelines for collecting and interpreting innovation data [M]. Paris:OECD, 2005.

② Schumpeter J. The theory of economic development[M]. Cambridge: Harvard University Press, 1912.

③ Hansen M T, Birkinshaw J. The innovation value chain: a logic for fixing your company's innovation problems[J]. Harvard business review, 2007, 86(6):121.

④ Rothwell P. Successful industrial innovation: critical factors for the 1990s [J]. R&D management, 1992, 22(3):221-239.

⑤ Gulati R. Stategic networks[J]. Stategic management journal, 2000(21):203-215.

⑥ 付丙海，谢富纪，韩雨卿. 创新链资源整合、双元性创新与创新绩效：基于长三角新创企业的实证研究[J]. 中国软科学，2015(12):176-186.

⑦ 蔡翔. 创新、创新族群、创新链及其启示[J]. 研究与发展管理，2002(6):35-39.

性匹配，形成协同治理、有效衔接的创新链条，是提升高校智库创新能力的关键。提升高校智库创新治理能力，从高校智库创新过程及其价值实现所需要的支持条件来看，高校智库创新链涉及的创新活动主要包括战略、人才、资源、制度、知识生产与政策转化等相互衔接的核心要素。

世界一流高校智库创新链生成的关键是智库能够依据外部发展环境的变化采取适应性的行为，制定有效的发展战略，引领智库的发展方向。根据智库发展战略，开展一系列的创新活动，重新布局战略、人才、资源、制度、知识生产与政策转化等创新要素，优化创新要素的组合结构及其前后承接关系。基于高校智库运行机制的研究，笔者提出基于“战略—要素—能力”的高校智库创新链模型，如图 3-3 所示。根据智库创新链条上不同创新活动的特征，将其分为基本活动与辅助活动。基本活动是智库创新链的关键及主导因素，主要涉及创新性知识生产及知识转化。辅助活动是智库创新能力提升的源泉，主要包括管理、制度、资金和人才等保障性活动。智库创新链的有序运行依赖于整合基础活动和辅助活动。在此过程中，内部管理机制、制度保障机制、资金支持机制、人才供给机制、知识生产机制和知识转化机制有效保证了基础活动和辅助活动的良性互动，基础活动和辅助活动的协同进一步促进了智库创新活动的开展，推动了智库创新链的有效运行和一流智库创新链的生成。

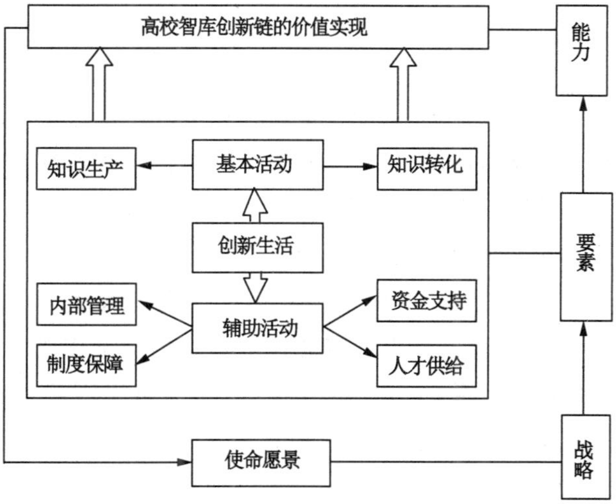

图 3-3　高校智库创新链模型

虽然高校智库的研究领域、服务对象和组织隶属关系存在很大差异，但是创新链层面却呈现出一定的相似特征。对处于发展初级阶段的高校智库而言，建构秩序成为重点关注的问题，获得合法性实现功能价值也成为首要目标。高校智库创新链模式是为了提升组织存在的合法性而适应外部制度环境的产物。制度环境具有一定的资源约束性，它决定了高校智库组织的基本运行方式、组织特征和发展路径，并为高校智库的组织变迁提供动力。外部制度环境通过政府、高校、市场、社会和个体等行为主体，促进高校智库依据其组织依附性、相对独立性、兼顾知识品性与政策应用性等原则形成独特的创新链条及运行空间。

国家政策导向为高校智库创新链的形成提供了一种政策性引导，其体制与机制设计呈现出相似的状态。高校智库创新链的日臻完善主要源于政府、党派或其他群体对大学高水平资政建言的迫切需求，并通过相关政策，在传导性的社会影响力之下，推动大学建立智库创新链条。随着政府和党派团体对大学资政建言的需求越来越多，高校智库创新链逐步扩散。[①] 社会规则和规范的影响对高校智库建设产生影响，它超越单个行为主体意愿，注重以社会道德、专业化认知为约束，对高校智库创新链的形式、内容及其合法化提供理论和实践支持，在一定程度上推动高校智库专业化发展。相关社会组织机构的智库排名，使得智库较迅捷地发现自身所处位置，并依据发展条件和指标设置，进行适当的改进，这在一定程度上促进了高校智库创新链的专业化。

三、政策引导力

智库的形成与发展与特定时期的国家政策紧密相连。美国最早成立的高校智库是成立于 1919 年的斯坦福大学胡佛研究所。胡佛研究所最初为收集第一次世界大战历史档案而建立，20 世纪 60 年代开始从事大规模研究并发展成颇有影响的智库。与当前的规模、性质和工作重点不同的是，当年胡佛研究所创立的初衷是为了真实、完整、及时地将与第一次世界大战形成和发展相关的历史资料保存下来，使后世能够更加客观地了解这段历史惨剧。除了收集整理和第一次世界大战直接相关的历史事件材料，胡佛研究所还不断充实 1917—1919 年间与各类社会革命有关的文物，使各种相互联系的历史事件能够完整生动地呈现出来。胡佛研究所在当时名副其实地成了战争图书馆，凭借其强大的收集历史文献的能力，胡佛研究所的文献资料和藏书量不断扩大，覆盖面也逐

① John J H. The constructive role of think tanks in the twenty first century[J]. Asia-Pacific review, 2008, 15(2): 2-5.

渐宽广，从起初的以第一次世界大战为重点的研究到随后的东西方关系、战后财政复原再到教育政策的改革等都被囊括其中。为了能真实反映图书馆藏书量的增长和馆藏内容的多样化趋向，1938 年，胡佛研究所由原名“胡佛战争图书馆”更名为“胡佛战争、革命与和平图书馆”。

在第二次工业革命和美国领土扩张政策的推动下，美国领土迅速扩张，经济快速发展，但同时国内社会矛盾日益凸显，社会经济、政治、社会、外交等问题层出不穷，社会的改革呼声越来越高。为了提高政府决策的科学化水平，美国政府开始向外部寻求帮助，这也成为美国高校智库产生的直接原因。第二次世界大战爆发前，美国国内的公共政策研究所只有 24 个①，高校智库更是寥寥无几。直到第二次世界大战初期，美国掀起主张消除垄断主义弊端、重建社会发展秩序的进步主义运动，政府逐渐出现了向专业政策研究机构咨询的趋向，在此推动下，美国高校智库的数量才开始有所增长。冷战时期，联邦政府以研发基金为引导，加强对大学的科研资助政策，以合同和拨款方式提供的研发经费占研发总经费的比重由 1940 年的 20%提高到 1970 年的 51%。② 大批以服务联邦科技政策为目标的智库如兰德公司，以及各种以实用性政策为旨要的大学研究中心迅猛发展。冷战后国际形势变化对国际安全知识需求剧增，贝尔福科学与国际事务中心将研究扩展到科技与公共政策、环境与自然资源等。国际安全与合作中心始于冷战时期，校内大规模讲座聚焦美苏中关系、武力控制及国家安全技术问题。在国际及国家政策引导下，智库通过应用对策研究提高美国科技政策的影响力并促进整个国家科技水平的提升。

在美国智库生命周期的不同阶段，智库发展的动力机制与运行载体有不同的组合及运作形式。在智库形成期，需求拉动力和创新驱动力是核心动力，通过作用于智库的发展战略和社会网络机制推动智库形成。在智库的蓬勃发展期，需求拉动力、创新驱动力和政策引导力是核心动力，通过作用于智库发展战略、社会网络、管理体制和运营机制推动智库规模迅速扩大。在智库发展的成熟期，智库思想市场逐步完善，智库的管理体制和运营机制更加市场化，需求拉动力、创新驱动力作为最重要的核心动力促进智库发展战略、社会网络、管理体制和运营机制走向成熟发展之路，而政策引导力的作用开始弱化，智库市场化及产业化的导向更加鲜明。在智库生命周期的不同阶段，发展战略和社会网络

① 李建军，崔树义. 世界各国智库研究[M]. 北京：人民出版社，2010：14.

② Karlesky J J. The state of academic science[M]. New York：Change Magazine Press，1977：4.

都是其核心运行支撑,推动智库完善功能定位发挥社会职能。随着智库越来越成熟,其管理体制和运营机制也日益完善,智库的组织化建制成为提升智库影响力的重要载体。

第三节 基于生命周期的高校智库研究内容演进

一、研究方法

为了更全面地梳理高校智库研究的演进脉络,笔者借助中英文学术文献数据库进行文献计量学分析。

在中文社会科学引文索引(Chinese social science citation index, CSSCI)数据库中,以篇名含有"高校"与"智库"为主要检索条件,共检索到 1998 年以来的 147 篇文献,其中论文 145 篇,报告 1 篇,综述 1 篇。以篇名含有"大学"与"智库"为主要检索条件,共检索到 1998 年以来的 45 篇文献,其中论文 43 篇,报告 3 篇,其他 1 篇。去掉重复的论文 6 篇,共检索到有效文献 184 篇。将合计共 184 篇文献信息导入 CiteSpace 软件,主要对其关键词集群和 Time zone 进行分析,以了解当前的研究所集中的研究领域及其在不同时期研究热点的变迁趋势。

在 Web of Science 数据库中,选择数据库"Web of Science 核心合集",引文索引选择"Science Citation Index Expanded (SCI-EXPANDED)—1997 年至今,Social Sciences Citation Index (SSCI)—2001 年至今,Arts & Humanities Citation Index (A&HCI)—2003 年至今",时间跨度为"所有年份(1985—2020)"。基本检索选择标题含有"think tank",结合相关学科,共检索到内容相关的有效文献 234 篇。将合计 234 篇文献信息导入 CiteSpace 软件,主要对其关键词集群和 Time zone 进行分析,以了解当前的研究所集中的研究领域及其在不同时期研究热点的变迁趋势。

二、主要研究内容分析

词频指所分析的文档中词语出现的次数。词频分析就是在文献信息中提取能够表达文献核心内容的关键词和主题词频次高低分布,来研究该领域发展动向和研究热点的方法。关键词词频分析不仅可以直观地观测相关词汇在相关论文中出现的次数,也可以从侧面反映出相关内容获得的关注度,及其在当下的智库研究领域的重要性。

研究运用 Citespace 对标题和摘要内容进行关键词的词频统计。如表 3-2 所示，当前题名含有“高校”及“智库”或“大学”及“智库”的 CSSCI 论文中，出现频次最多的关键词为“高校智库”，共计出现 83 次。其次为“智库”，共计出现 31 次。“大学智库”“高校图书馆”“智库建设”“高校”均出现 10 次(含)以上。另外，“美国”“新型智库”“中国特色新型智库”“大数据”“政府决策”“协同创新”“中国模式”“双一流”“创新”均出现 3 次以上。“决策咨询”“教育政策”“专业化”“智库影响力”“研究型大学”“智库功能”“知识生产”“中国特色”“智库成果”等出现次数为 2 次。再如表 3-3 所示，当前题名含“think tank”的 WOS 收录论文中，出现频次最多的关键词为“think tank”，共计出现 54 次。其次为“politics”和“policy”，共计出现 12 次。“public policy”“idea”“foreign policy”“knowledge”“policy advice”“power”“China”“government”均出现 5 次(含)以上。另外，“expertise”“network”“advocacy”“discourse”“austerity”“formulation”“public opinion”“state”“policy advisory system”“science”“organization”“intellectual”“governance”“democracy”均出现 3 次(含)以上。“ideology”“crisis”“social policy”“international relation”“policy research”“civil society”等出现次数为 2 次。可以看出，以上出现次数 2 次以上的关键词在智库研究领域获得的关注较多，同时也是智库建设所涉及的关键内容，需要对以上内容进行仔细考虑。

表 3-2　CSSCI 词频分析

关键词	词频	中心度	年份	关键词	词频	中心度	年份
高校智库	83	0.67	2014	教育政策	2	0.03	2017
智库	31	0.29	2011	专业化	2	0.01	2016
大学智库	14	0.16	2012	教育综合改革	2	0.01	2015
高校图书馆	13	0.05	2016	智库影响力	2	0.01	2018
智库建设	12	0.14	2015	知识生产	2	0.01	2017
高校	10	0.09	2014	信息服务	2	0.01	2016
美国	9	0.11	2014	共同体	2	0.01	2016
新型智库	6	0.05	2015	中国特色	2	0	2015
中国特色新型智库	5	0.03	2015	启示	2	0	2018
图书馆服务	4	0.03	2015	研究型大学	2	0	2018

表 3-2(续)

关键词	词频	中心度	年份	关键词	词频	中心度	年份
大数据	4	0.02	2017	协同整合	2	0	2016
政府决策	4	0.01	2015	智库成果	2	0	2016
协同创新	3	0.07	2013	图书馆	2	0	2016
协同	3	0.04	2016	体育智库	2	0	2018
英国	3	0.04	2014	智库功能	2	0	2016
中国模式	3	0.04	2013	因子分析	2	0	2017
双一流	3	0.04	2018	困境	2	0	2015
高校教育智库	3	0.02	2014	智库服务	2	0	2019
地方高校	3	0.02	2013	发展现状	2	0	2014
中国特色新型高校智库	3	0.01	2015	智库联盟	2	0	2019
创新	3	0.01	2015	体育治理	2	0	2014
决策咨询	2	0.04	2017				

表 3-3 WOS 词频分析

关键词	词频	中心度	年份	关键词	词频	中心度	年份
think tank	54	0.56	2003	intellectual	3	0.05	2009
politics	12	0.09	2005	governance	3	0	2017
policy	12	0.12	2003	democracy	3	0.08	2012
public policy	7	0.11	2007	ideology	2	0	2012
idea	7	0.13	2011	crisis	2	0.01	2017
foreign policy	6	0.05	2015	work	2	0.02	2017
knowledge	5	0.04	2012	committee	2	0	2020
policy advice	5	0.02	2011	foundation	2	0.03	2003
power	5	0.03	2005	social policy	2	0	2009
China	5	0.05	2007	international relation	2	0	2015
government	5	0.11	2009	policy research	2	0	2003
expertise	4	0.08	2009	civil society	2	0	2015
network	4	0.01	2011	institute	2	0	2008
advocacy	4	0.03	2007	discourse institutionalism	2	0	2015
discourse	4	0.07	2012	conservative party	2	0	2013

表 3-3(续)

关键词	词频	中心度	年份	关键词	词频	中心度	年份
austerity	4	0.03	2018	influence	2	0	2019
formulation	3	0.02	2017	international	2	0	2019
public opinion	3	0.05	2013	discourse coalition	2	0.01	2018
state	3	0.01	2018	financial crisis	2	0.01	2018
policy advisory system	3	0.02	2017	economic policy	2	0.03	2012
science	3	0	2008	neoliberalism	2	0.05	2013
organization	3	0	2014	interest group	2	0	2010

中心度是在 CiteSpace 分析中刻画节点中心性(centrality)的最直接度量指标，一个节点的中心度越大就意味着这个节点的中心性越高，表明该节点在网络中的地位就越重要。从 CiteSpace 分析结果中心度的数值来看，CSSCI 论文分析中，中心度最高的关键词为“高校智库”，其中心度为 0.67。其次为“智库”，中心度为 0.29。“大学智库”“智库建设”“美国”“高校”“协同创新”“新型智库”“决策咨询”“中国模式”“教育政策”等词汇的中心度也相对较高。WOS 论文分析中，中心度最高的关键词为“think tank”，其中心度为 0.56。其次为“idea”，中心度为 0.13。“policy”“public policy”“government”“expertise”“intellectual”“democracy”“neoliberalism”“discourse”“public opinion”“China”“knowledge”“power”等词汇的中心度也相对较高。可以看出，以上关键词是近些年高校智库研究的重要节点，充当着重要的网络连接作用，聚焦以上关键词的研究论文在高校智库的研究中占据重要位置。

三、基于生命周期的研究内容演进

时区视图是另一种侧重于从时间跨度上表示知识演进的视图。时区视图可以清晰地展示出文献的更新和互相影响。如果选择 Time zone 按钮，CiteSpace 就会将所有的节点定位在一个横轴为时间的二维坐标中，根据首次被引用的时间，节点被设置在不同的时区中。时区视图展示了领域文献的增长，某一时区的文章越多，说明这一时间段中发表的成果越多，该领域处于繁荣时期。某一时区中的文献越少，说明这一时间段中发表的成果越少，该领域处于低谷时期。通过各时间段的连线关系，可以看出分时间段之间的传承关系。

在 CSSCI 时区视图中 2014 年时区中的节点、2015 年时区中的节点和 2016

年时区中的节点的连线较多，说明这三个时间段的传承关系较强；而 WOS 时区视图中，每个年份时区中的节点相对比较均匀，说明近些年 WOS 收录相关论文的研究内容呈现相对比较稳定的学术联系。

基于时间线的视图分析可以展现各个聚类(即子领域)发展演变的时间跨度和研究进程。通过 CSSCI 时间线视图可以看出，2013 年之前，智库建设尚处于起步阶段，相关的研究文献较少，研究内容主要是对智库概念内涵进行基本的阐释，如基于人文社会科学的知识转化的需要开展智库研究。2013 年之后，高校智库建设进入实质性推进阶段，相关的研究论文数量增加，相应的研究内容和领域更加丰富。如，开展高校智库人员任职经历的研究、内部治理创新的研究。研究更加关注国外高校智库建设的经验研究，如美国和英国高校智库人员聘任模式、内部旋转门机制等方面的典型做法。中国特色新型高校智库研究获得了极大关注，许多研究聚焦新型高校智库建设的中国特色、中国模式开展研究，其中更加关注如何建立协同创新的体制机制、推动智库提高决策咨询的影响力。图书馆借助于图情研究等相关研究优势，主要表现为基于图书资料分析、文献计量分析、数据库资料分析等，在高校智库建设中占有一席之地。2018 年之后，高校智库的相关研究数量变少，研究更加聚焦于智库文化生态建设、智库产出绩效及其治理结构、智库联盟运作、高校智库与双一流建设的共生互动关系等。可以看出，随着时间线向前推移，对高校智库的研究从概念的厘定逐年拓展到对高校智库加强内涵建设、提高发展质量、提升贡献和影响力的深度思考。

通过 WOS 时间线视图可以看出，2007 年之前，智库建设尚处于起步阶段，相关研究文献较少，研究内容主要是对智库参与政策研究及智库作为政策研究机构进行基本的阐释。2007 年之后，智库相关的研究论文数量增加，相应的研究内容和领域更加丰富。例如，随着中国大国崛起而开展关于当代中国相关问题的国际问题研究，关于政策思想网络的研究，关于公共政策专家的研究，关于利益群体的研究，关于意识形态的研究，关于公民社会的研究，关于嵌入式政策治理的研究，关于经济政策及国际关系政策和教育政策等的研究等。随着时间线向前推移，WOS 相关论文对智库的研究呈现出比较稳定的发展状态，多数智库相关研究主题和研究领域都有较好的传承性和延续性的研究，反映 WOS 相关论文发展比较成熟和稳定，体现出较强的科学研究的基本特质。这与国内 CSSCI 相关智库研究情况存在较大的区别。CSSCI 相关的智库研究呈现出明显的政策驱动和政策偏好特征，出台智库相关政策之后的“智库热”的几年时间里，智库相关研究论文数量呈爆炸式的快速增长状态，在长时期没有新的相关政策或战略出台的情况下，智库相关研究便突然冷却下来，在 CSSCI 发表的相关智库研究论文数量呈现明显的下降趋势。这在一定程度上反映出 CSSCI 智库研究论文追逐时事热点的现象比较普遍，而对学术研究的长期性、持久性和传承性的关注不足。

第四章　新型高校智库发展的生命周期及其成熟度

“双一流”背景下，高校智库建设是一流大学和一流学科生产科学知识、履行社会功能、提升社会贡献的重要标志，建设具有中国特色的一流高校智库也是“双一流”建设的重要任务之一。那么，一流大学高校智库发展成熟度呈何种状态？结构维度有什么特征表现？影响因素有哪些？这些问题都需要通过实证研究予以验证。本章基于高校智库相关研究及其基本数据，测算一流大学建设高校智库成熟度，引入智库发展历史、成立模式中间变量，实证验证提升智库成熟度的可能性，进而根据研究结果为提升中国特色新型高校智库成熟度提出针对性建议。

第一节　新型高校智库发展的新时代背景

一、新时代高校智库面临的国内外形势

当前，世界多极化、经济全球化、社会信息化、文化多样化深入发展，全球治理体系和国际秩序变革加速推进，世界面临的不稳定性突出，国际舆论纷繁复杂，居于不同舆论中心的各种社会思潮由此呈现出新的动态和发展趋势。新一轮技术革命给人类的经济活动、生活方式，乃至国家竞争带来重大变化，各个大国都加大了新技术研发的投入，都寄希望于技术革命能够改变世界经济不断下滑的状况，都寄希望于在技术革命中占据优势，在竞争中抢占先机。

经过新中国70年特别是改革开放40多年的快速发展，我国已经站到了新的历史起点，也进入了最好的历史时期，国家综合经济实力、科技实力、国防实力、国际影响力显著提升，中国日益发挥着世界和平建设者、全球发展贡献者、国际秩序维护者的重要作用。中国共产党第十九次全国代表大会胜利召开，明确指出中国特色社会主义进入新时代。这些全局性的历史性变化，对党和国家

工作提出了新要求，也对中国特色新型智库建设提出了新期盼，这意味着中国特色新型智库发展迎来了新机遇。

从国家治理角度讲，高校智库拓展了社会多元力量参政议政的渠道，提高了决策的科学化、民主化水平，在某种程度上反映了一个社会的开放水平、知识精英的活跃程度和一国的文化软实力。① 进入全面深化改革历史新阶段的中国，为中国智库的发展提供了肥沃土壤，智库已经融入国家决策的开放性平台之中，成为中国政策决策体制的一部分。党的十八大以来，中国特色新型智库建设得到了以习近平同志为核心的党中央的高度重视，智库建设面临着加强理论创新、更好指导实践等一系列任务。不断把新时代改革开放继续推向前进，这一神圣使命呼唤着中国特色新型智库以创新之为实现提质增效、高质量发展。这既是新时代深化改革的必然要求，也是实现国家治理现代化、提升国家软实力的应然选择。②

综上，全球政治经济发展形势及我国处于中国特色社会主义新时代的历史方位，为新型高校智库蓬勃发展提供了基本的时代前提。新时代下，深化智库体制机制改革，优化智库内部管理流程，提高智库成果质量和资政能力，成为智库发展需要解决的核心问题。

二、新时代驱动哲学社会科学大繁荣

我国正经历着历史上最为广泛而深刻的社会大变革，正进行着人类历史上最为宏大而独特的实践创新，在社会大变革的时代，哲学社会科学的地位更加重要、发展的需求更为迫切。③ 中国特色哲学社会科学主要涵盖马克思主义理论、文学、哲学、历史学、经济学、管理学、政治学、法学、社会学、教育学等多个领域，从学科结构、学科层次和学科类型来看，主要囊括了传统的文科基础类学科、新兴学科、前沿学科、交叉学科、冷门学科等诸多学科领域。虽然我国哲学社会科学学科体系已基本确立，但还存在一些亟待解决的问题，主要表现为部分学科门类的学科设置及其学科建设重点未能有效和紧密地对接国家战略和区域经济社会发展需求，人文社会科学的学科结构和学科体系不够健全，一些

---

① 李国强．对“加强中国特色新型智库建设”的认识和探索[J]．中国行政管理，2014(5)：16-19．

② 周洪宇，付睿．以创新之为推进新时代智库建设[N]．光明日报，2019-01-21(16)．

③ 中国共产党新闻网．习近平主持召开哲学社会科学工作座谈会强调：结合中国特色社会主义伟大实践　加快构建中国特色哲学社会科学[EB/OL]．(2016-05-16)[2020-07-26]．http://cpc.people.com.cn/n1/2016/0518/c64094-28358457.html．

面向未来发展前沿的新兴学科和交叉学科布局还不够完善，学科建设力度还比较薄弱。

笔者以 InCites 数据库为基础，以 2000—2019 年为时间线进行检索，对我国除港澳台以外的学术机构在哲学社会科学领域发表的论文进行文献计量分析，学科领域的筛选依据国家《授予博士、硕士学位和培养研究生的学科、专业目录》中的 13 个学科门类(01 哲学，02 经济学，03 法学，04 教育学，05 文学，06 历史，12 管理学，13 艺术)进行检索，文献类型精炼为 Article。

如图 4-1 所示，从整体发表论文数量情况来看，2000—2019 年，我国学术机构哲学社会科学领域发表论文总数量随着时间的推移呈现逐年快速上涨的发展态势，由 2000 年的 328 篇提高到 2019 年的 16 883 篇，发文总数量增长了 50 倍，平均每年增长 2.5 倍。

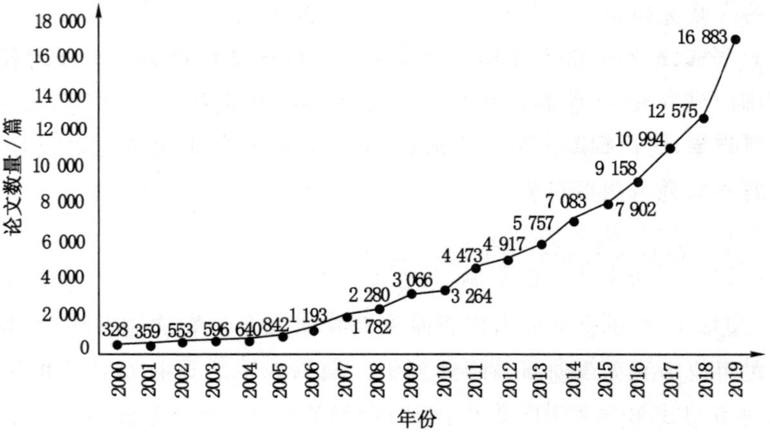

图 4-1　我国学术机构哲学社会科学领域发文时间分布

2000—2019 年，我国 722 个学术机构共在哲学社会科学领域发表学术论文 94 645 篇，平均每个学术机构发表论文 131 篇，我国哲学社会科学领域发表论文总数呈较低的发展水平且论文发表机构分布呈现明显的差序格局特征，过去 20 年发表论文数量相对较高。如图 4-2 所示，在 5 000 篇以上的仅有北京大学 1 个机构，发文量在 2 000 篇以上的有 11 个机构，发文量在 1 000 篇以上的有 34 个机构，占比约为 5%。过去 20 年，发表论文数最多的机构为北京大学(5 453 篇)；其次为清华大学，发文 4 758 篇；上海交通大学发文 3 683 篇，位居第三。发表论文数在 1～10 篇的有 182 个机构，占比 25.2%。发表论文数为 11～100 篇的有 359 个机构，占比 49.7%。综上所述，过去 20 年发表论文总量低于 100 篇暨年均发文低于 5 篇的机构总数为 541 个，占比 74.9%。可以看出，绝大多数中国大学学术机构在过去 20 年发文数量相对较低，中国哲学社会科学的学术影响力亟待提升。

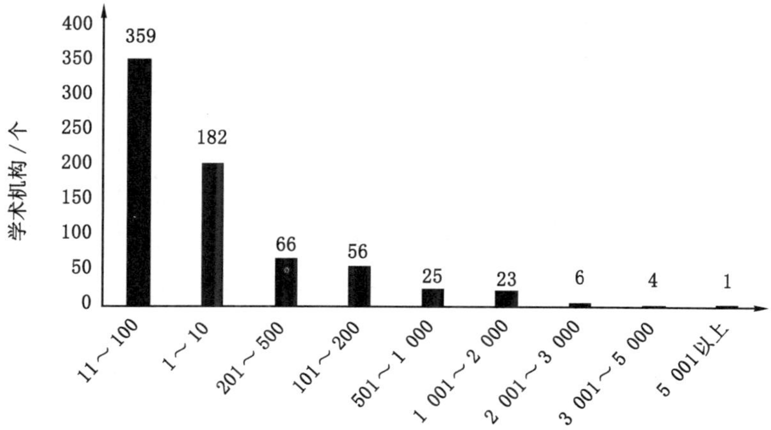

图 4-2　我国学术机构哲学社会科学领域过去 20 年发文篇数分布

从发表论文的学科领域来看，过去 20 年，我国学术机构在哲学社会科学领域中的管理科学领域发表的论文最多，其次是在教育学领域，再次是在经济学领域，在文学、历史、哲学和艺术学领域的论文数量相对偏低。可以看出，中国哲学社会科学众领域中，经管类的国际学术影响力相对较高，而对传承中国文化、传播中国思想、讲好中国故事起关键作用的传统文学、历史、哲学等领域跟国际接轨方面相对缓慢。

又如表 4-1 所示，从发表论文的质量来看，规范化引文影响力（CNCI）均值为 1.05，高被引论文比例均值为 0.8%，高被引论文数量均值为 2，H 指数为 12，篇均被引次数为 7，产业合作比例均值为 0.75%，国际合作比例均值为 30.41%。高被引论文数最多的机构为北京大学（67 篇）；其次中南大学高被引论文 46 篇，位居第二；上海交通大学高被引论文 45 篇，位居第三。H 指数最高的为北京大学（106），其次是清华大学（91），上海交通大学位居第三（82）。另外，绝大多数的高校发表论文质量相对较低，在高被引论文指标方面，488 个机构没有指标显示，即过去 20 年没有发表高被引论文。35 个机构 H 指数和篇均被引为 0。92 个机构国际合作比例为 0。可以看出，我国哲学社会科学领域发表的论文总体质量相对偏低，学术话语权及国际声誉亟待提升。

表 4-1 我国学术机构哲学社会科学领域发文量前 100 机构分布

学校	排名	Web of Science	CNCI	高被引论文数量	H 指数	篇均被引	国际合作比例/%
北京大学	1	5 453	1.29	67	106	14.08	46.49
清华大学	2	4 758	1.20	34	91	13.35	42.92
上海交通大学	3	3 683	1.32	45	82	13.47	37.61
北京师范大学	4	3 575	1.05	18	69	9.78	47.92
浙江大学	5	3 466	1.14	28	64	9.16	40.94
中山大学	6	2 948	1.26	33	66	10.22	43.49
中国人民大学	7	2 917	1.06	16	56	7.79	45.08
复旦大学	8	2 873	1.09	12	61	9.59	42.43
华中科技大学	9	2 211	1.57	28	69	14.05	35.37
武汉大学	10	2 078	1.22	32	51	8.74	36.86
西安交通大学	11	2 011	1.44	18	67	13.52	37.89
南京大学	12	1 918	1.11	12	56	9.53	36.03
哈尔滨工业大学	13	1 685	1.46	28	62	14.42	30.56
中国科学院大学	14	1 640	1.64	37	56	11.05	41.52
北京航空航天大学	15	1 639	1.57	30	61	13.37	30.57
四川大学	16	1 607	1.28	20	48	8.65	31.67
厦门大学	17	1 598	1.51	31	55	10.80	45.06
华东师范大学	18	1 595	0.86	8	41	6.01	45.64
同济大学	19	1 467	1.53	24	53	11.36	49.69
中国科学技术大学	20	1 386	1.92	29	68	18.13	36.87
上海财经大学	21	1 338	1.24	15	48	9.44	52.69
山东大学	22	1 298	1.17	8	49	9.74	32.74
天津大学	23	1 263	1.46	14	46	10.74	34.20
中央财经大学	24	1 232	0.97	4	38	7.29	49.59
东南大学	25	1 231	1.75	26	61	16.33	37.45
大连理工大学	26	1 208	1.65	26	63	18.19	39.07
西南财经大学	27	1 194	1.59	29	39	7.87	56.37
中南大学	28	1 183	1.93	46	54	13.95	37.36
南开大学	29	1 111	1.09	5	48	9.98	39.06
西南大学	30	1 065	1.06	5	39	8.32	36.34

表 4-1(续)

学校	排名	Web of Science	CNCI	高被引论文数量	H 指数	篇均被引	国际合作比例/%
湖南大学	31	1 058	1.51	22	46	9.78	43.10
中国电子科技大学	32	1 043	1.73	24	50	12.19	49.09
对外经济贸易大学	33	1 036	1.27	10	43	9.03	50.29
北京工业大学	34	1 009	1.63	26	48	11.33	38.55
华南理工大学	35	996	1.50	15	47	12.15	31.12
上海大学	36	988	1.19	12	42	8.71	37.35
北京交通大学	37	985	1.39	10	48	12.73	44.57
东北大学	38	965	1.42	13	56	15.86	34.61
深圳大学	39	931	1.23	9	36	7.45	36.41
重庆大学	40	890	1.24	8	44	11.36	36.97
华南师范大学	41	886	1.10	5	36	8.28	44.13
暨南大学	42	880	1.30	9	33	7.08	43.75
华中师范大学	43	771	0.90	4	27	4.48	32.43
西北工业大学	44	760	1.34	7	37	10.18	28.68
南京航空航天大学	45	735	1.47	18	43	13.92	33.61
吉林大学	46	675	1.18	2	38	10.69	41.48
陕西师范大学	47	668	1.10	4	33	7.59	35.48
宁波诺丁汉大学	48	620	1.57	9	36	9.76	61.29
南京师范大学	49	610	0.86	2	28	6.38	31.64
中国科学院数学与系统科学研究院	50	601	1.25	7	51	17.82	39.43
苏州大学	51	588	1.11	5	32	8.78	34.35
北京科技大学	52	582	1.76	10	39	12.36	39.18
合肥工业大学	53	558	1.65	8	38	11.52	45.88
南京科技大学	54	557	1.21	3	33	9.50	34.29
中欧国际商学院	55	548	1.59	6	48	16.93	66.79
西安电子科技大学	56	547	1.15	5	30	8.88	27.61
广东外语外贸大学	57	539	1.21	4	24	5.78	32.10
华东理工大学	58	529	1.23	5	36	10.86	44.42
西南交通大学	59	516	1.77	10	35	10.80	40.31

表 4-1(续)

学校	排名	Web of Science	CNCI	高被引论文数量	H 指数	篇均被引	国际合作比例/%
上海师范大学	60	485	0.83	2	33	7.65	47.22
中南财经政法大学	61	482	1.01	6	19	4.36	43.78
武汉理工大学	62	454	1.53	5	35	11.63	42.95
中国农业大学	63	433	1.35	5	33	12.35	46.65
中国国防科技大学	63	433	0.99	2	27	8.36	27.71
西交利物浦大学	65	425	1.22	5	21	5.51	58.59
首都医科大学	66	417	1.03	3	29	10.77	45.80
浙江财经大学	67	407	1.32	3	28	7.77	27.27
首都师范大学	68	406	0.82	0	24	6.03	40.39
浙江师范大学	69	402	1.13	1	34	10.63	50.50
江西财经大学	70	394	1.58	8	31	9.86	54.82
郑州大学	71	376	1.24	3	26	8.53	26.60
河南大学	72	373	0.93	3	21	5.54	52.82
中国矿业大学	73	370	1.80	4	34	11.81	25.41
浙江工业大学	73	370	1.23	4	32	11.43	34.86
杭州师范大学	75	354	0.93	3	23	6.85	44.35
上海外国语大学	76	353	0.82	1	14	3.27	24.65
广州大学	77	349	1.31	4	21	5.35	35.53
东北师范大学	78	341	0.89	1	23	6.54	31.96
浙江工商大学	79	339	1.11	2	28	8.37	33.92
广东工业大学	79	339	1.47	4	29	9.96	32.15
福州大学	81	326	1.64	5	42	18.59	41.72
福建师范大学	82	325	0.76	6	19	4.76	24.62
东北财经大学	83	323	1.38	4	22	7.17	46.44
华北电力大学	84	318	1.87	6	43	19.12	42.77
中国政法大学	85	316	0.61	0	17	3.91	24.68
中国地质大学	86	311	1.68	12	27	10.60	42.12
北京邮电大学	87	309	1.29	4	27	8.55	40.45
北京工业大学	88	307	1.12	4	27	8.96	44.95
兰州大学	89	303	2.23	6	34	13.57	46.53

表 4-1(续)

学校	排名	Web of Science	CNCI	高被引论文数量	H 指数	篇均被引	国际合作比例/%
杭州电子科技大学	90	302	1.52	5	30	13.65	30.46
上海体育学院	91	298	1.03	1	20	6.01	56.38
东华大学	92	295	1.36	3	31	11.10	42.37
山东师范大学	92	295	1.60	9	25	9.15	31.19
首都经济贸易大学	94	290	0.94	3	20	6.05	59.31
宁波大学	95	287	0.97	2	21	5.96	41.46
河海大学	96	277	1.80	7	27	10.12	35.02
江南大学	97	274	0.99	2	22	6.95	43.07
重庆师范大学	98	271	0.53	0	25	9.01	30.63
曲阜师范学院	99	270	1.14	3	24	9.94	25.19
上海海事大学	99	270	1.53	2	25	10.05	49.63

新时代中国特色社会主义发展亟待加强哲学社会科学建设，提供更大的文化支撑、学术话语权和学术理论指导。中国哲学社会科学领域亟须突出优势、拓展领域、补齐短板、完善体系，不断推进学科体系、学术体系、话语体系建设和创新，努力构建一个全方位、全领域、全要素的哲学社会科学体系。具体而言，一是要加强马克思主义理论相关学科建设，为中国特色社会主义理论及完善哲学社会科学发展提供系统的理论指导。二是要完善对哲学社会科学具有重要支撑作用的基础性文科类学科的培育和建设，如哲学、历史学、经济学、政治学、法学、社会学、心理学等，提升中国哲学社会科学学科的理论厚度和广度，以打造具有中国特色和普遍意义的完整学科体系。三是要加快发展国家战略亟须的及对经济社会发展具有重要现实意义的新兴学科和交叉学科，使这些学科研究成为我国哲学社会科学发展的亮点、特色及重要突破点。四是要重视发展具有重要文化价值和文化传承意义的绝学、冷门学科，使得传统文化得到更好的传承和发扬。总而言之，中国特色哲学社会科学建设应当使基础学科更加健全扎实、重点学科优势突出、新兴交叉学科特色创新、冷门学科传承光大、基础研究和应用研究相得益彰、学术研究和成果应用协同推进。

哲学社会科学发展与智库建设不可分割。加强智库建设，既是发挥哲学社会科学本身具有的决策咨询价值的重要途径，也是推动繁荣和发展中国哲学社会科学的重要举措。推动智库建设也为我国在新的时代和条件下加快繁荣和发展中国哲学社会科学提供了重要契机。

三、新时代驱动一流大学新贡献

如今,我国经济已由高速增长阶段转向高质量发展阶段。进入新时代,党和政府对我国高等教育事业发展提出了一系列新的要求。党的十八大报告提出"推动高等教育内涵式发展",十九大报告再次提出"要加快一流大学和一流学科建设,实现高等教育内涵式发展"。在 2018 年北京大学师生座谈会上,习近平总书记指出,"当前,我国高等教育办学规模和年毕业人数已居世界首位,但规模扩张并不意味着质量和效益增长,走内涵式发展道路是我国高等教育发展的必由之路"。《加快推进教育现代化实施方案(2018—2022 年)》将推进高等教育内涵发展作为十项重点任务之一。实现高等教育内涵式发展是新时代党和国家高等教育发展的核心理念,是办好人民满意教育的内在要求,是把我国建设成为高等教育强国的必由之路。高等教育内涵式发展更加强调高等学校的办学质量、服务国家需求的能力以及对国家和民族的巨大贡献。

高等教育作为国家高级人才的培养基地,愈来愈深刻地融入国家创新体系,成为创新体系中不可或缺的一环。培养更具有创新精神和创造能力的高素质人才为国家强盛提供人才支撑服务,做出更多原创性的科学创新研究为攻克卡脖子关键技术提供技术支持服务,为解决更多契合国家战略需求的真问题而提供决策建言服务,是新时代赋予高等教育的重要使命和责任。中国特色社会主义新时代对中国世界一流大学建设提出更高要求。《面向 21 世纪教育振兴行动计划》吹响了我国建设世界一流大学的号角,一批高水平大学提出了建设世界一流研究型大学的目标,研究型大学的发展标志着我国高等教育功能向科学研究拓展。通过科学研究成果来服务社会需求成了高等教育的热点问题。2015 年国务院发布《统筹推进世界一流大学和一流学科建设总体方案》,明确提出双一流建设的总体目标是"推动一批高水平大学和学科进入世界一流行列或前列,加快高等教育治理体系和治理能力现代化,提高高等学校人才培养、科学研究、社会服务和文化传承创新水平,使之成为知识发现和科技创新的重要力量、先进思想和优秀文化的重要源泉、培养各类高素质优秀人才的重要基地,在支撑国家创新驱动发展战略、服务经济社会发展、弘扬中华优秀传统文化、培育和践行社会主义核心价值观、促进高等教育内涵发展等方面发挥重大作用"。在 2018 年全国教育大会上,习近平总书记指出:"新时代新形势,改革开放和社会主义现代化建设、促进人的全面发展和社会全面进步对教育和学习提出了新的更高的要求。我们要抓住机遇、超前布局，以更高远的历史站位、更宽广的国际视野、更深邃的战略眼光，对加快推进教育现代化、建设教育强国作出总体部署和战略设计，坚持把优先发展教育事业作为推动党和国家各项事业发展的重要先手棋，不断使教育同党和国家事业发展要求相适应、同人民群众期待相契合、同我国综合国力和国际地位相匹配”。① 以习近平新时代中国特色社会主义思想为理论指导，中国高等教育迈入迅猛发展的新征程。

从高等教育总规模来看，至 2020 年 6 月，全国共有普通高等学校 2 740 所。从办学性质来看，公办院校 1 986 所，民办院校 773 所，港澳台合作办学 2 所，中外合作办学 10 所。从办学层次来看，本科院校 1 272 所，专科院校 1 468 所。从区域分布来看，各省市高等教育资源存在严重的区域分化。如图 4-3 所示，从普通高等学校总体规模来看，江苏省、广东省、山东省和河南省普通高等学校数量较多，均在 150 所以上。从一流大学建设高校数量来看，当前全国 42 所一流大学建设高校主要分布在北京市、上海市等政治经济中心，北京市一流大学建设高校 8 所，上海市一流大学建设高校 4 所，其次湖南省和陕西省各有 3 所一流大学建设高校，以上高等教育发达省市集中了全国最优质的高等教育资源。

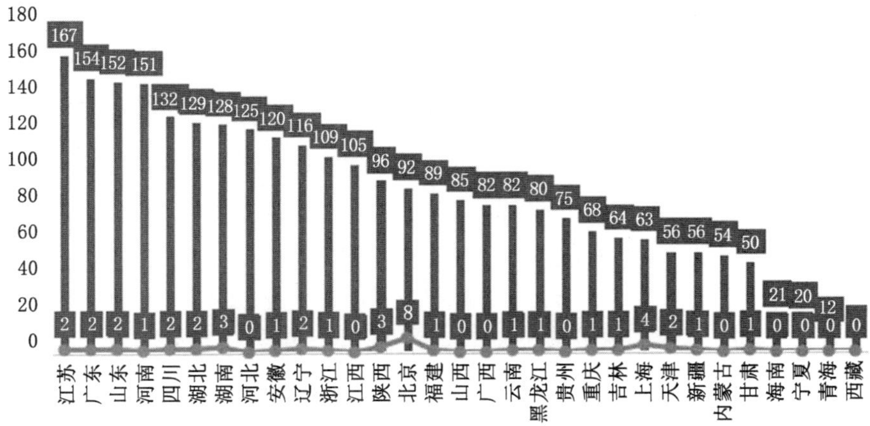

图 4-3　全国高等学校区域分布

（数据资源：教育部全国高等学校名单）

① 人民网. 坚持中国特色社会主义教育发展道路　培养德智体美劳全面发展的社会主义建设者和接班人[EB/OL].（2018-09-11）[2020-07-26]. http://edu. people. com. cn/n1/2018/0911/c1053-30286253. html.

如图 4-4 所示,从高等教育综合影响力来看,根据 2019 年世界大学学术排名,全国共 40 所高校位列全球前 400 名,其中清华大学位列第 43 名,是唯一跻身前 50 的中国高校。北京大学、浙江大学和上海交通大学分别位列第 53 名、第 70 名、第 82 名,仅次于清华大学,同样位列世界前 100 名。美国共 116 所高校位列全球前 400 名,入围高校总数约是我国入围高校数的近 3 倍。哈佛大学、斯坦福大学、麻省理工学院、加州大学伯克利分校等 8 所高校位居全球前 10 名,普林斯顿大学、哥伦比亚大学、加州理工学院、芝加哥大学等 31 所高校位居全球前 50 名,南加州大学、范德堡大学等 45 所高校位居全球前 100 名。美国位居全球前 100 名高校数量约是我国入围数的 11 倍。可以看出,虽然中国高等教育具有较大的总体规模,但是在高等教育综合国际影响力方面与美国为代表的发达国家还有较大的差距。

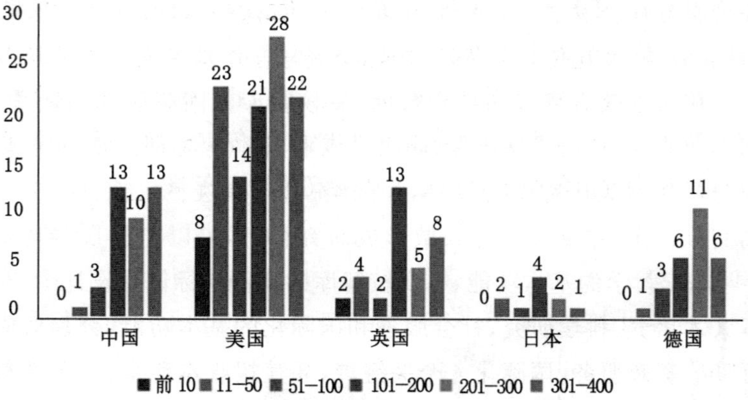

图 4-4 ARWU2019 世界大学排名分布

(数据来源:2019 年世界大学学术排名)

如图 4-5 所示,从学术影响力来看,1980—2019 年间,我国被 Web of Science 收录论文 4 937 284 篇,收录论文总数约是美国的四分之一,论文总数仅次于美国居全球第二。从 NSC 论文①来看,我国发表 NSC 论文 3 450 篇,位居全球第 11 位,NSC 论文占全国发表论文总数的比例为 0.07%。从高被引论文来看,我国高被引论文 843 篇,位居全球第 4 位,高被引论文数占全国发表论文总数的比例为 0.68%。可以看出,我国学术论文总规模相对美国还有较大的

① 即发表在国际上最顶尖的三大学术期刊《自然》(Nature)、《科学》(Science)和《细胞》(Cell)上的论文。

差距，反映学术影响力的指标如高被引论文和 NSC 高端学术论文相对于美国、瑞士、荷兰等欧美国家还有较大的提升空间。

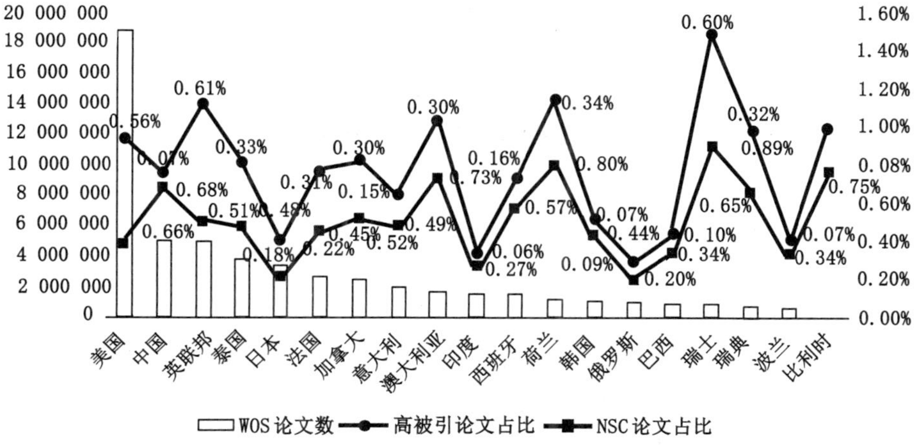

图 4-5 全球主要国家和地区学术论文数量

（数据来源：InCites 数据库）

从学科国际影响力来看，依据 ESI 全球学科规模与分布，规模最大的为临床医学，有 4 599 个入围学科。其次为社会科学、工程学、化学、植物与动物科学、生物与生物化学、环境与生态，入围学科数均超过 1 000。全球规模最小的学科为数学、空间科学和交叉学科，入围学科数均不足 300 个。根据 2020 年 3 月发布的最新 ESI 数据，全国高校 ESI 学科数为 1 257 个。ESI 学科总数占全球的比例约为 5.7%。从入围学科数量来看，工程学、化学、材料科学和临床医学 4 个学科的入围数均超过 100 个；从入围学科数的全球占比来看，工程学、化学、材料科学和计算机科学的入围学科占全球比例均超过 10%。临床医学的入围学科数为 102 个，但是全球占比较低，仅为 2.2%。入围学科数最少的学科为心理学（7 个）和交叉学科（2 个），全球占比不足 2%。在空间科学领域，暂无入围学科。面对未来国家战略需求和国际学术前沿，亟须加强相关基础学科和新兴交叉学科战略布局，提升学科发展水平和国际影响力。

以上可以看出，相对于庞大的高等教育总体规模，我国优质高等教育资源相对稀缺和不足，世界一流大学的数量相对欧美国家偏少，具有国际影响力的高端学术论文相对稀缺，面向未来前沿领域的高水平学科布局还存在很大的短板。为满足新时代人民群众对优质高等教育的需求，亟须提升高等教育发展的总体水平尤其是提升一批可与国际世界一流大学同台对话和竞争的中国特色顶尖大学的发展水平，为智库开展战略研究和政策研究提供有力的支持，为服务新时代国家战略需求和经济社会发展做出更大的贡献。

第二节 新型高校智库发展的生命周期及战略举措

一、新型高校智库发展的生命周期演进

中国特色新型高校智库建设不仅是中国一流大学建设和一流学科建设的重要内容，也是高校落实中国特色新型智库建设国家重大战略部署的重要体现。党的十八大以来，习近平总书记就建设中国特色新型智库做出一系列重要的论述，为新时代高校智库建设指明了战略方向，是新时代推进高校智库建设的根本遵循。

党的十八届三中全会通过的《中共中央关于全面深化改革若干重大问题的决定》明确提出，加强中国特色新型智库建设，建立健全决策咨询制度，这是中共中央文件中首次提出“智库”概念。2013 年 4 月，习近平总书记做出重要指示指出，智库作为国家软实力的重要组成部分，随着形势的发展，智库的作用会越来越大。我国智库还相对滞后，应发挥更大的作用。要积极探索中国特色新型智库的组织形式和管理方式，采取有效措施引导各类智库加强自身建设，积极为中央科学决策提供高质量智力支持。2014 年 10 月 27 日，中央全面深化改革领导小组第六次会议审议通过了《关于加强中国特色新型智库建设的意见》，明确指出，近些年来，我国智库发展很快，在出思想、出成果、出人才方面取得了很大成绩，为推动改革开放和现代化建设做出了重要贡献。随着形势发展，智库建设跟不上、不适应的问题也越来越突出，尤其是缺乏具有较大影响力和国际知名度的高质量智库。要从推动科学决策、民主决策，推进国家治理体系和治理能力现代化、增强国家软实力的战略高度，把中国特色新型智库建设作为一项重大而紧迫的任务切实抓好。党的十八届三中全会提出，要加强中国特色新型智库建设，建立健全决策咨询制度。党的十八届五中全会强调，要实施哲学社会科学创新工程，建设中国特色新型智库。2015 年 11 月，习近平总书记主持中央深改组会议，通过了国家高端智库建设试点工作方案，6 个高校新型智库获得国家高端智库建设立项。

2014年教育部《中国特色新型高校智库建设推进计划》的出台，拉开了中国特色新型高校智库建设的帷幕，标志着新型高校智库走向历史舞台。智库在中国的发展历史悠久，高校内部一些研究机构发挥智库的作用也由来已久，而中国特色新型高校智库却是一个新的概念。《中国特色新型高校智库建设推进计划》明确提出了高校智库的功能及定位，并对结合高校优势和特色，统筹规划资源配置，凝练智库建设的主攻方向，在经济建设、政治建设、文化建设和党的建设等诸多方面扎根中国实践解决中国面临的发展问题等内容做出了重要的部署。

高校智库建设将提高研究质量作为根本，以科学精神和专业素养为智库发展的前提，夯实政策理论基础，深入开展社会调研，围绕国家重大战略需求和区域经济社会发展开展前瞻性、应对性的政策研究，辅助提高战略谋划、决策咨询服务的能力。经过几年的快速发展，当前中国特色新型高校智库已进入以规模扩大、质量提升、影响力扩大为特征的全面发展的快车道。中国特色新型高校智库已经形成整体结构清晰的智库组织建设体系，探索出适应中国国情的高校智库建设体制机制，发挥多学科联动优势推动学科建设与智库发展协同共生，提升研究质量，服务国家战略和区域经济社会发展需求。

二、新型高校智库发展的战略举措

在日益复杂的世事、国情大背景下，推进中国特色高校智库建设，提升高校智库服务国家决策的能力和水平显得更为重要而迫切。广大高校深入贯彻落实中共中央关于智库建设的重要战略部署，加强顶层设计和战略布局，谋划新型智库发展战略，通过实施一系列切实可行的创新举措推动智库发展。

（一）加强机构建设，形成整体层次清晰的高校智库组织体系

建立常态化、建制化的组织结构，更好地集聚资源，为智库发展提供强有力的组织机构支撑，是中国特色新型高校智库重要的发展战略举措。经过几年的发展，当前，中国特色新型智库已经形成了涵盖国家高端智库、以智库为发展目标的教育部人文社会科学研究基地、教育部等其他国家部委牵头或批准成立的各类研究基地和智库、各省市政府部门批准成立的位于高校的智库、各高校依据学科研究优势和学科特色自主成立的智库等不同层次的智库组织构成的智库组织体系。各结构层次的高校智库结合自身发展的目标定位和功能使命，探索利于智库组织成熟发展的路径。

国家高端智库作为国家最高水平的决策咨询机构、中国特色新型高校智库

的杰出代表和重点建设单位，近几年紧扣党和国家战略需求，提升服务中央决策的能力水平。《国家高端智库建设试点工作方案》于 2015 年 11 月中央深化改革领导小组第十八次会议审议通过，12 月国家高端智库建设试点工作启动会在京召开，25 家机构正式入选首批国家高端智库建设试点单位，其中 6 个高端智库属于高校智库，且均位于双一流建设高校，包括北京大学国家发展研究院、清华大学国情研究院(已更名为：清华大学国家治理与全球治理研究院)、中国人民大学国家发展与战略研究院、复旦大学中国研究院、武汉大学国际法研究所、中山大学粤港澳发展研究院。2020 年 2 月，中央全面深化改革委员会第十二次会议审议通过了《关于深入推进国家高端智库建设试点工作的意见》，强调建设中国特色新型智库是党中央立足党和国家事业全局做出的重要部署。2020 年 3 月，北京师范大学中国教育与社会发展研究院、浙江大学区域协调发展研究中心正式入选国家高端智库培育单位。目前，共有 8 家高校智库入选国家高端智库建设单位，且其所在高校全部为一流大学建设高校。

高校与教育部、科技部、文化部等国家多个部委积极合作，结合高校学科研究优势和特色，围绕国家重大战略需求和重大关键问题领域，共同建设以智库决策咨询为主要任务的重点研究基地，这也成为中国特色新型高校智库建设的一种路径。当前，国家部委研究基地中比较有代表性的是教育部人文社会科学重点研究基地、教育部国别和区域研究基地等，各基地强化智库功能建设，为各部委积极建言献策。教育部 1999 年以来，按照“一流”和“唯一”的标准在全国 66 所高校相继设立 151 所人文社科类重点研究基地(科研院所)，其研究领域在全国是一流的且同一方向领域只设一个重点研究基地。近些年重点研究基地建设成绩显著，对高校人文社会科学发展产生了重大影响，在繁荣和发展我国哲学社会科学中占据重要的位置，其中许多研究基地除了加强学科建设以外，也以资政服务、建设智库为重要发展目标，取得了诸多卓有成效的研究成果，如北京大学中国经济研究中心、南京大学长江三角洲经济社会发展研究中心等，都发展成为有影响力的高校智库。2015 年教育部印发《国别和区域研究基地培育和建设暂行办法》，提出国别和区域研究基地要以咨政服务为首要宗旨，以政策研究咨询为主要任务，以完善组织形式和管理方式为重点，扎实做好人才培养工作，不断提高研究质量，着力推进成果利用，努力建成具有专业优势和重要影响的研究中心。首批获得教育部批准立项建设的区域和国别研究培育基地共 37 个，来自北京大学、南开大学、北京师范大学、厦门大学、兰州大学等全国多所高校，涵盖北京大学非洲研究中心、厦门大学东南亚研究中心、兰州大学中亚研究中心、北京外国语大学中东欧研究中心、上海外国语大学欧盟研究中心等。

上海市等省市纷纷出台政策，依托高校组建新型智库，为服务国家战略需求和区域经济社会发展提供决策咨询支撑。2013 年，上海市教委依托高校建立了首批 18 家上海高校智库，形成中国特色新型高校智库建设的上海实践。当前，上海高校智库逐渐发展成一种新型的科研组织形态，实行以主任负责制为主体的实体化管理体制、整合多学科资源开展问题导向式研究、搭建决策需求与研究力量对接平台、建立柔性人才评聘机制、积极探索智库成果认定机制，为国家和上海区域发展的重大战略需求提供重要的智力支撑。

（二）加强体制机制建设，形成系列高水平智库平台

中国特色新型高校智库建设有条不紊地开展，尤其是自“双一流”建设开始以来，各高校以服务国家重大战略需求为己任，大力推进智库建设，探索完善智库体系，创新智库内部治理体制机制，建立智库人才培育和评价机制，形成高效联动的智库治理模式，取得了一些重要成果。

1. 创新高校智库治理体制机制

高校智库完善校内智库建设的层级体系，建立“理事会＋学术委员会＋首席专家”协同的内部治理机制，理事会发挥决策功能，学术委员会发挥学术规划、组织、审议功能，首席专家发挥领军带头作用，畅通智库与政府部门、社会力量的合作渠道，形成举全校之力办智库的体制优势。

清华大学建立新型智库体系，组建智库中心，重点培育气候变化与可持续发展研究院、中国经济思想与实践研究院等一批有特色且影响力大的高端智库，建立持续稳定的人财物支持机制，完善智库成果应用机制，建立向中办、国办、教育部、北京市委等相关部门直送重大成果的常态机制，打造以《清华大学智库报告》为主的标杆性研究品牌。

北京大学在思想文化、法治建设、经济发展、政治体制、社会管理、国际战略等多个领域布局建设了一批新型智库，支持国家发展研究院、国际战略研究院、新结构经济学研究院、新农村发展研究院、国家治理研究院等重要智库的发展，提供基础性、理论性、战略性、面向社会发展中重大问题的对策性研究和政策性研究报告。

中国人民大学打造以国家发展与战略研究院、首都发展与战略研究院、重阳金融研究院为排头兵的智库研究集群和梯队。国家发展与战略研究院入选国家高端智库建设单位，重阳金融研究院连续 3 年入选国际公认度最高的《全

球智库报告》全球顶级智库 150 强，同国家发展与战略研究院一起获评 CTTI 高校智库百强榜 A+，发挥学科研究优势大力推动区域国别研究和智库建设，成立中欧人文交流研究中心和中美人文交流研究中心，为新时代人文交流机制高效运作建言献策。

复旦大学坚持党管智库的原则，坚持体制机制创新，坚持用马克思主义指导智库研究，初步形成"1+3+N"(1 个全校智库统筹研究平台、3 个校级综合性智库、若干专业性智库)的智库集群。将发展研究院作为全校智库统筹研究平台，在保持研究功能的同时赋予其管理职能，对全校智库进行统一管理。围绕国家亟须建设中国研究院、国际问题研究院、一带一路及全球治理研究院等校级智库，重点建设具有智库功能的教育部人文社科重点研究基地、中外人文交流中心、国别区域研究中心等专业机构，围绕经济、政党、外交、宗教等学科领域打造"上海高校智库"品牌；牵头发起中国大学智库论坛、高校高端智库联盟、"一带一路"国际智库合作联盟、长江经济带智库合作联盟、长三角高校智库联盟等智库合作平台。在国内高校中率先成立"国际智库中心"，构建智库国际合作网络，在国内高校中首创智库海外分支机构"中国研究中心"，为国家治理体系和治理能力现代化提供智力支持。

南京大学以智库建设为重点，形成定位明晰、特色鲜明、规模适度、布局合理的高校新型智库体系，重点支持国家高端智库建设培育单位长江产业经济研究院和一批省部级重点智库与协同创新中心的发展，"国家高端智库—国家级新型智库—省级新型智库—校级科研机构"智库体系基本形成，马克思主义社会理论研究中心成为教育部人文社科重点研究基地签约智库建设基地，人文社科高级研究院、学衡研究院、中华文化研究院、一带一路研究院、华智全球治理研究院等一批文科跨学科机构相继成立，有力推动了新时期新文科的转型创新和新型智库的创新发展。

2. 完善智库人才培育和评价机制

人才资源在高校智库提升政策研究质量和政策影响力中具有战略基石的重要地位。引进、培育、留住一批高水平智库研究人才，是高校智库发展过程中的关键环节，也是高校智库重要的发展战略选择。

高校智库为促进传统学科研究教师向智库研究人员的转型，采取了一系列重要举措，培育高水平青年人才，提升开展高水平和高影响力智库研究的职业能力和专业水平。国家高端智库武汉大学国际法研究所着力加强智库人才队伍的研究能力和决策咨询能力的培养，提升智库研究人员的专业化水平和职业胜任力。为提升智库研究人员的研究能力，破解智库研究人才队伍建设存在的高水平人才匮乏等现实问题，采取激活存量、储备增量、提升质量的思路，着力提升传统学科研究人员从事智库研究的胜任能力。另外，为提升智库研究人员的政策意识、决策咨询能力、国际交往能力和可持续发展能力，切实提升智库研究人员的职业化水平，创新智库研究人员的培养机制。为提高智库研究人员的政策解读能力，采取定期学习研讨的工作机制，坚持每月召开时事政治学习报告会，提升政治素养和政治品格，确保智库研究人员站稳立场，树立正确的价值取向。为提升智库研究人员的决策咨询能力，通过挂职锻炼、项目带培、跨学科论坛、学术期刊建设、研究方法培训等开展能力建设，大力推进学术型人才向智库型人才转型。为努力提高研究人员的国际交往能力，选派青年研究人员长期参与联合国国际贸易法委员会、海牙国际私法会议、亚非法协等国际组织的学术活动与工作会议。为保持研究队伍的可持续发展能力，通过加强人才培养工作输送更多的专业人才，开展智库型博士培养，资助青年研究人员与研究生组队参加国际性专业竞赛，提升国际话语权和国际影响力。国家高端智库中山大学粤港澳发展研究院以培养人才为抓手，夯实国家高端智库建设的基础。加强对智库青年研究人员的培养，青年学者到决策部门短期借调，研究人员到港澳工作部门短期参与某项专题研究。

高校智库创新人才评价机制，为智库研究人员成长成才开辟新的路径。清华大学、复旦大学、浙江大学等高校建立智库研究系列专业技术职务，相关智库系列人员可以评聘高级职称智库研究员。复旦大学开展以学术为根本、以决策咨询为导向的智库人事制度改革，在国内高校首创“智库研究员”专门序列，通过《智库研究人员队伍建设管理办法》和《智库研究系列高级职务聘任实施办法》招收智库研究员，并着手智库系列高级职务聘任工作，加强智库高水平专业人才集聚和培养。将高水平研究报告、内参、批示等智库成果纳入教师考核内容，基金项目评估和结项中将智库成果纳入结项依据，学校薪酬体系改革中将优秀智库成果纳入科研业绩奖，通过人才培育机制和评价机制的改革，有力提升了研究人员参与智库工作的积极性和创造性。

3. 建立政策研究的供需对接机制

国家高端智库中山大学粤港澳发展研究院高度重视做好与决策部门的对接工作，把加强与决策部门的供需对接作为智库体制机制建设的重要着力点，推进智库体制机制创新，提升政策研究水平。不断完善有利于供需对接的内部治理机制，邀请决策咨询经验丰富、社会知名度高的党政官员进入理事会，不定期邀请相关部门官员到研究院传达中央精神，明确每位副院长重点对接不同决策部门，设立行政副院长职位专门负责对接联络事务，与港澳决策部门建立了信息沟通、课题合作、研究成果报送与采纳反馈等常态化工作机制。

厦门大学持续推进与国家有关部委加强合作和供需对接，聚焦国家及福建重大需求，强化顶层设计、优化战略布局，形成一批特色鲜明、方法创新、符合实际的决策咨询研究成果。通过创建地方研究院等多种形式提高服务党和政府决策能力。围绕经济、管理、法律、教育、台湾研究、营商环境、“一带一路”研究等领域，提供优质政策咨询服务。台湾研究院入选国家高端智库（培育）；台湾研究中心、宏观经济研究中心、东南亚研究中心、教育研究院入选《中国智库综合评价 AMI 研究报告（2017）》中国核心智库。在“一带一路”、两岸关系、经济管理、营商环境、能源政策、公共治理、高等教育等领域获党和国家领导人批示。

（三）发挥多学科联动优势，推动学科建设与智库发展协同共生

在高等教育学科协同发展的趋势下，高校学科不断融合，创新性的学术成果不断涌现，也给高校智库的发展带来了新的契机。高校充分发挥大学多学科集聚的优势，建设智库问题导向的学科群，以学科研究服务智库发展。武汉大学国际法研究所作为国家高端智库建设单位，高度重视学科建设与智库发展的协同，坚持以学科建设为高校智库发展的根基，为决策咨询服务提供强有力的学科研究基础与理论支撑。北京航空航天大学建设特色文科学科群，形成马克思主义理论、公共管理、外国语言文学、法学等多个卓越学科群，以医工交叉为特色推动学科交叉、建设北京市高精尖学科创新中心，培育具有广泛影响力的智库。北京理工大学坚持学科交叉融合理念，以优势学科带动多学科交叉融合推动新型智库建设，以人文相关学科为基础搭建“人文＋”系列平台，成立电子政务研究院，共建中国工程科技前沿交叉战略研究中心、国际争端预防和解决研究院等高水平智库平台，打造品牌智库，服务国家重大决策的能力显著提升。中国农业大学发挥农学相关学科研究优势，服务国家乡村振兴战略，打造若干具有中国特色、农业特色和世界影响力的新型高端智库，国家农业农村发展研究院获中国社会科学评价研究院 2018 年中国智库咨政建言“国策奖”。北京师范大学教育学科 QS 排名进入世界第 29 位，充分发挥教育学科优势，将中国教育与社会发展研究院列入国家高端智库培育计划，新增互联网教育智能技术及应用国家工程实验室、教育大数据示范中心、国家教材研究基地等重要科研平台，研制学生发展质量评价标准等 9 大基础教育发展评价标准，发布我国历史上首份国家义务教育质量监测报告等具有决策参考价值的重要标准与报告，成

功推动国家基金委为教育增设代码“F0701 教育信息科学与技术”。山东大学各教育部人文社科重点研究基地顺利实现智库转型，在人文社科领域聚焦中国特色，形成以“古文、古史、古哲、古籍”为标志的中华传统文化研究，围绕国家治理重大理论和现实问题，建设国家治理研究院、国际问题研究院，与最高人民检察院共建国家级检察理论研究智库。中国海洋大学加快海洋发展研究院综合改革，以学科交叉融合为主要路径，系统建立从基础研究、高新技术研发、工程化开发到高端智库的完整海洋学科链条，建设中国海洋发展研究中心，汇聚了海洋权益维护与海洋法治、海洋可持续发展与海洋经济、全球海洋治理研究等领域的优势团队，通过重大项目牵引带动，促进人文社会科学与海洋科学学科的文理交叉与协同创新。华东师范大学整合相关资源，整合史学、文学等学科资源优势，成立一带一路与全球发展研究院、中华优秀传统文化传承创新研究院、江南文化研究院，充分发挥各学科、各基地平台的智库功能，承担了一大批决策咨询研究，8 个智库入选中国智库索引(CTTI)，2 家教育部基地入选高校高端智库联盟首批成员，7 家科研机构获得教育部国别和区域研究中心备案。

(四) 提升研究质量，服务国家战略和区域经济社会发展需求

高校智库以服务新时代国家战略需求和区域经济社会发展为己任，以解决重大现实政策问题提供高水平资政建言为战略目标，加强与中央和国家机关、地方党政机关以及民间机构的深度合作，提高研究成果的专业化水平和解决实际问题的能力。南京大学新型特色智库建设服务国家治理取得重要进展，构建以经济转型与产业发展、社会治理、经略海洋、文化遗产保护、“一带一路”区域国别研究、智库评价与研究等为主攻方向的专业性智库群。北京大学立足北京，服务首都发展，积极推动深度融入北京的发展布局，首都发展研究院为首都“四个中心”建设提供理论支撑和决策参考，在中关村科学城参与建设北京量子信息科学研究院、北京脑科学与类脑研究中心、北京碳基集成电路研究院、北京石墨烯研究院、北京大数据研究院、北京智源人工智能研究院等新型研发机构，服务北京区域创新发展。兰州大学服务“一带一路”倡议，建立以敦煌学、民族学、中国语言文学为主的敦煌丝路文明与西北民族社会学科群，建设“一带一路”新型智库，形成了“1＋X”的校内智库架构，开展“一带一路”沿线国家国别研究。“一带一路”研究中心被“一带一路”智库合作联盟确定为“中国－中亚－西亚经济走廊”国际智库合作网络牵头单位。华南理工大学主动对接大湾区重大战略需求，实施哲学社会科学繁荣计划，充分发挥区位优势和学科优势，全方位推动和服务粤港澳大湾区建设。依托国家高端智库公共政策研究院、与广州市

社科联共建的粤港澳大湾区发展广州智库、粤港澳大湾区社会治理联合研究中心等一批专业智库，向中央、地方提交了一系列有重要影响力的政策研究报告，2017 年粤港澳大湾区最终被国家采纳写入政府工作报告。上海交通大学围绕重点领域服务国家战略和区域发展需求，初步建成一批具有国际影响的跨学科交叉研究平台和新型高端智库，建设中国城市治理研究院、中国质量发展研究院、中国海洋装备工程科技发展战略研究院、神话学研究院等新型高端智库，打造多层次、多元主体推动的特色资政网络。西安交通大学积极回应国家及世界发展面临的重大问题，在人口政策、“一带一路”倡议、南海问题、脱贫攻坚、中美贸易等方面建言献策，建设从校级重点研究基地到省部国家级重点研究基地（智库）的有层次、有特色、有活力的智库体系，服务国家社会治理、政策制定、国际问题的研究，提升学校在国家重大决策中的支撑性地位，共计 8 个智库入选中国智库索引，“一带一路”自由贸易试验区研究院入选全国高校智库百强。

第三节 新型高校智库发展成熟度评价标准的构建

当前我国高校智库研究方兴未艾，其内涵、定位、标准还有待明确，运行机制还有待完善，智库评价存在评价主体缺乏独立性和权威性、评价客体内容缺乏标准化的信息渠道、评价标准科学性尚待完善等问题。① 建立扎根中国大地、凸显高校智库特征及其组织发展生命周期的评价体系，对中国特色新型高校智库创新生态系统的生成意义重大。

一、国内外智库评价指标体系

指标体系由反映事物本质特征和属性的统计指标构成，不同的指标之间既相对独立又相互联系，通常包含评价指标、指标权重和评价标准几部分。制定指标体系需要首先将抽象的研究对象按照其本质属性和特征分为若干方面或层级，再将若干方面或层级分解成若干可观测、可操作的指标，并依据一定的科学性原则对指标赋予相应权重。构建评价指标体系是对高校智库进行科学评价的前提和基础，也是评价高校智库发展水平和发展成熟度状态的核心要素，对推进高校智库高质量内涵式发展具有重要的导向作用。如若指标体系设计不当，将会在一定程度上带来错误的价值导向，从而引起实践的层面的问题。

① 杨亚琴，李凌. 构建中国特色新型智库评价体系[N]. 文汇报，2016-01-28(11).

因此，设计符合高校智库本质特征的科学合理的指标体系是高校智库评价中的关键环节。

现代意义上的智库最早起源于欧美国家，对智库的评价及研究也发端于欧美国家的知名大学及研究机构。影响力是智库的生命线和价值所在，影响力评价成为智库评价的核心问题。① 从政策过程视角看，公共政策进程有延续性和时滞性特点，政策形成是多因素和个体共同作用的结果，难以确定哪一个体在政策形成过程中有决定影响，也难以了解智库思想在政策过程哪个阶段产生影响。基于对智库界定的困难，研究方法的局限性，数据采集的高难度，测量标准的不确定性，及智库组织及公共政策过程的复杂化，对影响力进行全面评价成为难点问题。尼古拉斯·拉伯（Nicolas Ruble）研究 12 家经济政策智库及其 171 名学者的新闻能见度，成为智库影响力定量分析的重要先行者。② 唐纳德·埃布尔森（Donald E. Abelson）基于政策过程概念，研究主流媒体对智库观点的引用率和智库人员出席国会听证会的次数，对美国、加拿大两国智库的政策影响力进行定量分析。③ 比特·里森（Peter T. Lesson）等以回归分析方法分析美国州级别的自由市场取向智库在税收、政府支出及私有化领域的 8 个层次的影响力。④ 陈升选取中国 39 家智库为样本，对其影响力进行测算，发现智库规模对影响力有显著影响，智库产出对规模与影响力的中介效应显著，而智库性质对产出、规模与影响力的调节效应不显著。⑤

从事智库研究的第三方机构，创建评价体系对智库评价进行了多元化探索。宾夕法尼亚大学智库和公民社会研究项目自 2007 年起发布全球智库报告，采用整体性测度方法中的“主观整体印象评价法”，由智库专家、学术同行、政府官员等组成调查组，依照指标体系，按智库在评价者心目中印象进行评

---

① ［美］唐纳德·E. 埃布尔森. 智库能发挥作用吗？公共政策研究机构影响力之评估［M］. 上海：上海社会科学院出版社，2010.

② Ruble N S. Think tanks：who's hot and who's not［J］. The international economy，2000，14(5)：10-16.

③ ［美］唐纳德·E. 埃布尔森. 智库能发挥作用吗？公共政策研究机构影响力之评估［M］. 上海：上海社会科学院出版社，2010.

④ Leeson P T，Ryan M E，Williamson C R. Think tanks［J］. Journal of comparative economics，2012，40(1)：62-77.

⑤ 陈升，孟漫. 智库影响力及其影响机理研究：基于 39 个中国智库样本的实证研究［J］. 科学学研究，2015，33(9)：1305-1312.

价,[①]其结果被各大学和研究机构广泛使用。[②] 美国智库全球发展中心(Center for Global Development,简称 CGD)评价体系采用网络指标和新媒体指标对智库影响力进行考察。CGD 智库评价采用二级指标体系:智库影响指标包括受社交网站用户的关注程度、网站流量、网站被链接量、媒体关注度和成果学术被引用量 5 个二级指标,数据来自智库网站、社交媒体、新闻媒体、引文数据库及第三方机构;智库效能指标包含规模、年度运营经费和最近财年经费共 3 个二级指标,数据来自第三方机构及智库年报。评价结果最终以智库绩效排名形式公布,并提供基于总量特征的智库绩效排名和基于效能特征的智库绩效排名两种结果。[③] 南京大学中国智库研究与评价中心、光明日报智库研究与发布中心联合研发"中国智库索引"(CTTI),使用 MPRA 测评体系,4 个一级指标分别是治理结构(M)、智库资源(R)、智库成果(P)、智库活动(A),对智库机构运用资源的能力和效益进行评价。[④] 朱旭峰和韩万渠构建智库透明度评价体系,针对 100 家中国智库研究不同类型智库透明度的差异机制,发现社会智库总体透明度水平较高,财务透明度水平较低,事业单位智库和社会智库财务透明度较高。[⑤] 浙江工业大学全球智库研究中心提出中国大学智库评价"三维(FAC)模型"评价体系,即契合度(Fitness)—X 维、活跃度(Activity)—Y 维、贡献度(Contribution)—Z 维。[⑥] 中国社会科学评价研究院基于"中国人文社会科学评价 AMI 指标体系",从吸引力(Attraction Power)、管理力(Management Power)、影响力(Impact Power)方面对国内智库进行综合评价。[⑦] 学术界对智库评价尤其是影响力评价开展多元探索,其研究方法及结论为本文提供了重要的学术参考。

---

① 孙志茹,张志强.思想库影响力测度方法综述[J].图书情报工作,2010,54(12):78-81.

② McGann J G. The global go to think tanks report and policy advice[M]. United Nations University Edition,2012:14-60.

③ CGD. Measuring think tank performance: an index of public profile[EB/OL].(2013-06-28)[2017-12-20]. https://www.cgdev.org/sites/default/files/think-tank-index_0_0.pdf.

④ 王斯敏.2016 中国智库年度发展报告[M].北京:人民出版社,2017:361.

⑤ 朱旭峰,韩万渠.智库透明度评价与中国智库建设[J].经济社会体制比较,2016(6):72-83.

⑥ 浙江工业大学.《中国大学智库发展报告》发布会在北京举行[EB/OL].(2018-01-22)[2020-07-26]. http://www.zjut.edu.cn/newsDetail.jsp? id=17053.

⑦ 中国社会科学院评价研究院.中国智库综合评价核心智库榜单[EB/OL].(2017-11-20)[2017-12-15]. http://skpj.cssn.cn/xspj/xspj_yw/201712/t20171204_3769134.shtml.

二、新型高校智库评价指标制定的原则

评价指标是对评价活动及其主要评价内容的规定，它规定了评价活动主要评什么、不评什么，是评价体系的核心部分。当前，中国特色新型高校智库发展进入到提升质量和水平、推动内涵提升的发展阶段，强调更加关注智库的质量、影响力及贡献，因此，在设计新型高校智库成熟的评价指标的过程中，确定了 3 个基本原则：突出中国特色社会主义新时代特征、聚焦智库职能、凸显高校作用。基于以上 3 个原则，把高校智库的内涵具体化为 5 个关键域、16 个关键活动，在此基础上形成高校智库成熟度评价指标。

（一）突出中国特色社会主义新时代特征

建设中国特色高校新型智库，是党中央、国务院的重大战略部署，对推进国家治理体系和治理能力现代化，具有重要的战略性意义。中国特色社会主义进入新时代，智库已成为推进国家治理体系和治理能力现代化的重要力量，在国家重大发展战略和方针决策的谋划与实施中发挥着重要的智力支撑作用。当前，我们要建设的是中国特色新型高校智库，这区别于美国、英国、日本等其他国家的智库。在研究建设智库的路径及体制机制之前，需要明确的关键问题是中国特色新型高校智库的相关概念内涵及其精神旨要，具体而言，中国特色的高校智库相对于国外的高校智库有什么特点？新型高校智库相对于以往的智库又新在哪里？明确这些关键问题是我们从事中国特色新型高校智库研究的基础和前提。

“中国特色”主要说明建设高校智库的情境及使命担当，高校智库建设必须立足于新时代中国特色社会主义制度的国情，必须始终坚持中国共产党领导，必须以服务决策为导向，坚持求真务实，将我国国家战略需求，经济社会发展和中国特色社会主义新时代面临的全局性、前瞻性、战略性、长期性的问题研究及当前热点、难点问题研究有机结合，为党中央、国务院的科学决策、民主决策提供行之有效、科学可行、解决真问题的政策建议，为全面深化改革、建设社会主义现代化强国、实现中华民族伟大复兴提供高质量的知识储备。

“新型”主要是说高校智库建设应突破传统智库发展所面临的障碍及滞后状态，创新智库建设的体制机制，研究和解决新问题，创新工作方法，提出创新性的研究观点和研究建议。新时代在党中央、国务院的高度重视和大力部署下，智库在国家决策体系中的作用不断加强，为科学决策做出了重要贡献。但智库发展远未达到决策者的期望，存在智库数量多但整体实力相对薄弱、研究

低水平重复现象严重、高影响力的研究成果少、服务决策的能力低、体制机制僵化不适宜智库人才成长等现实问题。为有效解决这些问题，需要智库彻底实现破旧立新，深化体制机制改革，确立科学的适宜智库运行的管理体制和运行机制，以推动高校智库高水平、高影响力、高贡献度的发展。

为有效对接中国特色新型高校智库建设，在指标设计中提出体现中国特色的指标，如获省（市）部级以上批示的政策内参与建议、省（市）部级合作共建或者有省（市）部级政府部门挂牌成立的研究基地、国家级别的研究基地或者研究中心等，凸显中国特色智库建设服务国家需求的时代特征。

（二）聚焦智库的功能定位

《中国特色新型高校智库建设推进计划》对高校智库的功能定位提出了明确的要求，即高校智库“应当发挥战略研究、政策建言、人才培养、舆论引导、公共外交的重要功能”。一是智库要发挥所隶属的高校基础研究实力雄厚的优势，着重开展事关国家战略需求和区域经济社会发展的长远性、宏观性、前瞻性问题的理论研究，为国家科学决策提供坚实的理论支撑。二是发挥高校学科门类齐全、学科研究基础厚实的优势，围绕重大现实问题，开展问题导向的多学科交叉研究，提出具有针对性的政策建议。三是发挥高校担负培养社会主义建设者和接班人重要使命的独特优势，努力培养适合国家发展需求、智库发展需要的高水平专业化人才，为中国特色新型智库建设提供人才保障。四是发挥高校学术研究和品牌传播的优势，针对社会的热点、难点问题，引导社会舆论。五是发挥高校对外交流范围广、层级高的优势，积极拓展公共外交和人文交流。针对高校智库上述功能定位，在评价指标的制定中，重点关注资政服务、学科研究基础、人才培养和治理模式 4 个关键域的 10 个关键指标，资政服务、学科研究基础、人才培养是中国特色新型高校智库功能定位的基本内涵，而内部治理模式则是以上 3 个基本功能得以实现的制度前提和支撑保障，因此单独将其列为一个关键域。具体为在政府部门或国际组织等任职、受邀去政府部门做咨询、政策内参与建议（获省部级以上批示）、稳定的研究团队（≥5 人），主要研究领域有一级或二级学科支撑，主要研究领域有省（市）部级研究基地，主要研究领域有国家级研究基地、明确的定位使命与愿景、理事会（董事会）、领军人才。

（三）凸显大学的功能特征

明确大学功能相关的问题既是大学的基本理论问题，也是大学实践的基本出发点。自中世纪大学诞生之后的漫长历史中，大学一直是培养专门人才、传授高深知识的基本场所。19 世纪初，以德国柏林大学为代表，科学研究的任务进入大学，科学研究被作为大学的重要功能。19 世纪中下旬，国家战略需求的满足寄希望于大学，《莫里尔法案》(Morrill Act)直接推动美国大学走向社会服务之路。随着经济全球化带来的现代高等教育的发展，文化传承与创新、国际交流与合作也被作为大学的功能，因此，一般认为现代大学具有人才培养、科学研究、社会服务、文化传承与创新、国际交流与合作五大功能。大学的功能是大学与社会关系的集中反映，在大学这个有机体中，人才培养、科学研究、社会服务、文化传承与创新、国际交流与合作五大功能是一切大学均具有的功能特性，这也是大学区别于政府和其他社会组织的根本特征。当前，我国大学正面临着由新时代社会转型发展而引发的巨大变革，大学发展面临的内外部形势发生了根本性的变化。无论从大学发展的逻辑起点、历史进程还是从国家对大学的战略需求来看，大学的功能始终是以人才培养为中心而构成的统一整体。① 大学归根到底为服务社会发展需要而培养专门人才，这是大学的本质功能属性，科学研究、社会服务、文化传承与创新、国际交流与合作都是大学人才培养本体功能的延伸。相对于政府智库和社会智库，高校智库依附于研究型大学，具有人才培养基本功能、学科研究基础厚、高水平专业人才集聚的优势，通过坚持基础理论研究与应用对策研究融合发展，加强经、管、文、法、史、哲、理、工等多个学科领域的交流合作，在重大研究领域形成研究合力，可以产出众多高质量的研究成果。② 基于大学的基本功能，在高校智库的评价指标体系设计中，充分考虑并体现了人才培养、科学研究、社会服务和国际化的基本功能，分别对应人才培养、科学研究、资政服务、国际化 4 个关键域，涵盖招收本科生、一级学科支撑等 13 个关键指标。

三、新型高校智库评价指标的确立

全球范围内智库的兴起带动了社会各界对于智库研究及智库评价的广泛关注。相对于传统的政府机构及学术研究机构，智库组织有界定模糊性、功能异质性、建制复杂性、机制开放性等特征，这为对智库进行客观和全面的评价带来巨大的挑战。评价是促进智库科学发展的内在需求，是社会对智库成效进行监督的重要手段，开展智库评价有助于推动国家把握智库发展总体形势、出台针对性支持政策，促进建立智库行业规范，推动智库在竞争与发展中不断改进

① 袁振国. 排行榜重“指标”，大学育人功能如何提升[N]. 文汇报，2017-05-19(6).

② 杨宜勇. 新时代国家高端智库建设的“六性”问题[J]. 社会科学文摘，2019(3)：115-117.

与完善。中国特色新型高校智库在研究领域、服务对象、发展层次、组织模式、社会影响力等水平状态上存在很大差异，但在创新能力纵向提升上，即高校智库逐步走向成熟的阶段特征与过程路径上有很大相似之处。在高校智库发展是否成熟上，不同类型的高校智库能够共享一个基本一致的判断标准，可以使用统一的基于成熟度的评价标准对高校智库进行评价。这种理念方法充分考虑了中国特色新型高校智库发展的阶段性，规避了高校智库类型和层次等方面的差异性，实现用标准的契合性适应高校智库的复杂性。中国特色新型高校智库评价研究中，借鉴组织管理成熟度模型，基于不断改进的视角，分析高校智库的生命周期，区分智库成熟度不同等级，建立评价体系，通过综合指标和分项指标评测结果与等级模型的对比来发现制约高校智库发展的瓶颈指标，提出持续改进高校智库成熟度的路径，是深化高校智库评价的重要方面。

关于关键域的选取及权重的分配，笔者主要结合高校智库组织相关研究文献，参考当前应用比较广泛的智库评价体系，以及通过实地调研和咨询高校智库相关专家获得。为切实反映中国特色新型高校智库本质内涵，兼顾指标可计量、数据可获取等要素，以能够有效发挥社会功能为着力点，笔者将中国特色新型高校智库成熟度评价分为 5 个关键域、16 个关键活动。智库成熟度总分为 100 分，5 个关键域含资政服务（30%）、科学研究（30%）、人才培养（20%）、治理模式（10%）和国际化（10%）。依据中国特色新型高校智库发展定位及其社会功能，5 个关键域的权重有所区别，资政服务和科学研究是中国特色新型高校智库发展成熟的最鲜明标志，这两个关键域被赋予的权重最高。人才培养是大学的根本使命也是高校智库区别于政府智库及社会智库的重要特征，众多高校智库都有人才培养职能，但人才培养并不是智库核心任务，将人才培养权重设为 20%。智库组织治理和国际化为智库成熟度提供有力保障，其权重分别设置为 10%。如表 4-2 所示，16 个关键活动内涵明确，数据可获取，事先制定计分规则，便于量化统计。

表 4-2　中国特色新型高校智库成熟度评价体系

关键域	代码	关键活动	代码	赋值规则
资政服务（30%）	C	在政府部门、国际组织等任职	C1	有则赋值 1
		受邀去政府部门做咨询	C2	有则赋值 1
		政策内参与建议（省部级以上批示）	C3	有则赋值 2

表 4-2(续)

关键域	代码	关键活动	代码	赋值规则
科学研究 (30%)	R	稳定的研究团队(≥5 人)	R1	有则赋值 1
		主要研究领域有一级或二级学科支撑	R2	有则赋值 1
		主要研究领域有省(市)、部级研究基地	R3	有则赋值 1
		主要研究领域有国家级研究基地	R4	有则赋值 2
人才培养 (20%)	T	招收本科生	T1	有则赋值 1
		招收硕士研究生	T2	有则赋值 1
		招收博士研究生	T3	有则赋值 1
治理模式 (10%)	G	明确的定位、使命与愿景	G1	有则赋值 1
		理事会(董事会)	G2	有则赋值 1
		领军人才	G3	有则赋值 1
国际化 (10%)	I	国际组织合作设立	I1	有则赋值 1
		有国际知名的研究品牌	I2	有则赋值 1
		举办国际性会议、论坛等活动	I3	有则赋值 1

第四节 新型高校智库发展成熟度现状

结合关键活动得分及关键域权重,计算各维度加权得分,得到智库成熟度分值,可开展智库成熟度比较、各结构维度比较及影响因素分析。基于数据分析研究发现如下:成熟度状态呈“底部沉重”鲜明特征,普遍“偏年轻化”处于生命周期“青年期”;不同结构维度构成“蛛网模型”,各关键域差序格局突出;发展历史作为影响智库成熟度的中间变量没有解释力,智库的成立模式凸显了智库“身份标签”对成熟度有显著影响。

一流大学建设高校是中国高等教育金字塔的最顶端,代表资政服务、科学研究和人才培养的最高水平。为了解当前中国特色新型高校智库的概况,本研究以 42 所一流大学建设高校中的基层院系组织与研究机构为研究的总体,使用内容分析法,对机构的官方网站及其标示的使命愿景、发展定位、机构介绍、研究成果及相关文本进行内容分析。根据内容分析的结果,共检索到一流大学建设高校的 169 个研究机构在使命愿景、发展目标定位、机构介绍、研究成果及组织运行中具有智库的众多特征,甚至在发展愿景和目标定位中明确提出自己是“智库”或“思想库”或将担当“智库”或“思想库”作为重要发展目标，把政策研究与咨询服务作为重要的任务，在很大程度上发挥着高校智库的职能。本研究以文本内容分析检索到的以智库为发展目标或声称自身是智库的169家机构为样本，基于官网发布的研究报告及其官方网站数据，对其智库发展成熟度进行实证验证。

本研究根据评价体系，采集智库机构的官方网站数据，建立“一流大学建设高校智库成熟度数据库1”。结合赋值计分规则，对相关指标进行赋值及加权计算，建立“一流大学建设高校智库成熟度数据库2”。在数据信息检索及赋值之后，笔者使用 IBM SPSS Statistics 19.0 统计生成智库成熟度评价结果。

一、底部沉重：新型高校智库成熟度的水平状态

为新时代中国特色社会主义现代化建设和实现中国民族伟大复兴提供强有力的决策支持，建设中国特色新型智库，推动科学决策、民主决策，推进国家治理体系和治理能力现代化、增强国家软实力，是新时代中国高等教育特别是一流大学建设高校的重要时代使命和战略选择。为真实了解中国特色新型高校智库尤其是双一流大学新型高校智库整个群体发展的普遍性特征，对其依据评价指标体系进行发展成熟度评价。根据评分标准，将一流大学建设高校智库按成熟度得分由低到高分4个等级，这也是一流大学建设高校智库高质量发展的梯度。第一个等级是低水平发展级，智库的各维度得分较低，运行机制尚未完全建立，虽开展了一些活动，但发展状态处于较低水平，各指标加权分值处于0～40分。第二个等级是逐步发展级，智库建立了一些运行机制，各指标加权得分处于41～60分。第三个等级是持续提升级，已经开始具有常态化的运行及一定的影响力，各指标加权得分处于61～80分。第四个等级是成熟级，智库发展成熟度较高，在多个关键活动上开始成为国内标杆及品牌，各指标加权得分处于80分以上。对处于不同成熟度等级的一流大学建设高校智库进行数量统计发现，其成熟度等级分布呈现出向左偏的倒U形，具有明显的“底部沉重”的特征，即当前中国一流大学建设高校智库还处于发展的阶段，处于低水平发展或初步发展阶段的高校智库占绝大多数，而高成熟度的高校智库占少数。一流大学建设高校智库样本中，14%(24家)样本高校智库得分低于40分，处于低水平发展的初始阶段。55.6%(94家)样本高校智库得分高于40低于60分，其中36.7%(62家)得

分位于50～60分之间，处于稳步发展的时期。25.4%(43家)样本高校智库得分位于60分与80分之间，处于持续提升的时期。4.7%(8家)样本高校智库得分高于80分，处于发展的成熟期。仅30.1%样本高校智库得分高于60分，其余约70%的一流大学建设高校智库处于低水平发展或者是寻求逐步发展的阶段，而发展较为成熟的高校智库占比仅为4.7%。这与中国特色新型高校智库建设初级阶段的发展现实高度吻合，在智库数量大幅度增加的背景之下，建立相应的体制与机制，提升智库发展的质量与水平，成为中国特色新型高校智库建设的重要方向。

二、蛛网模型:多结构维度是智库发展的典型特征

本研究选择“蛛网模型”来呈现高校智库成熟度的结构状态，通过“蛛网模型”看出一流大学建设高校智库各指标所处的等级，与高校智库成熟度的最佳实践进行对比，可直观反映出一流大学建设高校智库成熟度所处水平，对高校智库成熟度的多个维度进行全面和系统的衡量。根据5个关键域评分结果，建立智库成熟度的“蛛网模型”，每个关键域都是智库成熟度构成的关键维度，可直观分析每个关键域的状态点与理想点的差异，按照逆向层次分析法，找出影响智库成熟度的单个指标。分析不同关键域的系统性匹配状态，保证成熟度各维度的相对均衡和高水平发展，促进智库成熟度的全面构建。

如图4-6所示，高校智库不同结构维度差异性的特征表现构成“蛛网模型”，各关键域的差序格局突出。

在资政服务维度，各高校智库的差异性较大，17%(29家)样本高校智库在政府部门和国际组织等任职、受邀去政府部门做咨询、政策内参与建议获得(省部级以上批示)方面有优异表现，15%(26家)样本高校智库在以上指标中表现较差，4%(7家)样本高校智库在以上指标中没有数据显示。在科学研究维度，各样本高校智库的差异性较大，10%(17家)样本高校智库在研究团队、学科支撑、省部级及国家研究基地方面具有显著性的优势，34%(58家)样本高校智库在以上维度方面处于低水平。在人才培养维度，6%(10家)样本高校智库具备本科生、硕士研究生和博士生招生完备的人才培养体系，而63%(107家)样本高校智库不具备人才培养的职能。在治理模式维度，各样本高校智库差异较小，93%(158家)样本高校智库设立了较完备的组织管理体制和运行机制。在国际化维度，样本高校智库国际化程度普遍较低，最突出表现是国际知名研究

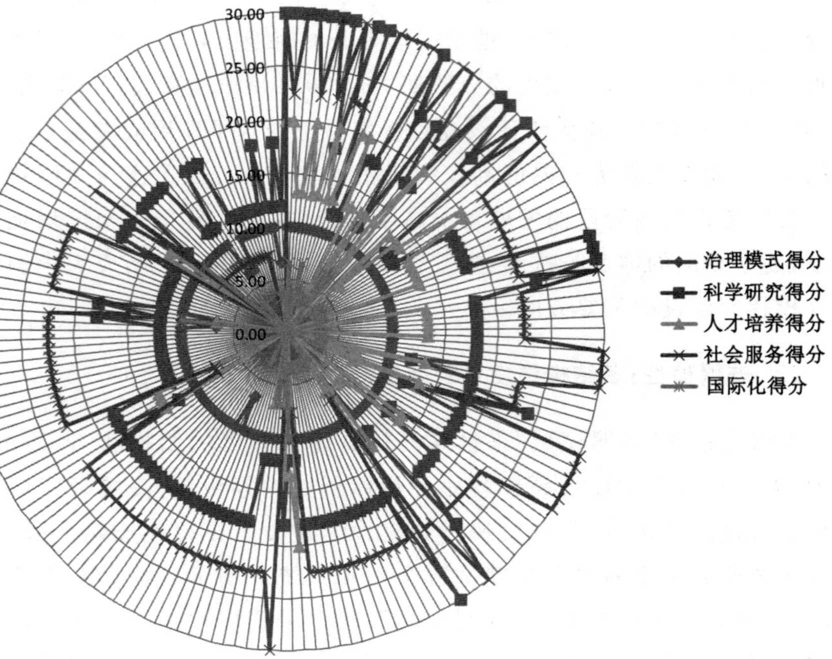

图 4-6 高校智库成熟度“蛛网模型”

品牌较少，仅有 1.7%(3 家)样本高校智库在国际组织合作设立、有国际知名的研究品牌、举办国际性会议和论坛等活动中具有较好的表现，51%(87 家)样本高校智库在以上国际化指标中没有数据显示。

综上所述，一流大学建设高校智库治理模式维度有较高的成熟度，而真正凸显智库实力的科学研究、人才培养、资政服务及国际化维度的成熟度相对较低。

三、偏年轻化：历史长短与智库成熟发展没有强相关关系

对一流大学建设高校智库发展历史研究发现，一流大学建设高校智库呈现鲜明的“偏年轻化”特征，多数高校智库处于生命周期的“青年期”。对一流大学建设高校智库发展历史长短做统计分析，数据分布呈向左偏的倒 U 形，如图 4-7 所示。样本高校智库中发展历史在 5 年以下占比 8.9%，发展历史在 5～10 年的占比 34.3%，发展历史在 11～20 年的占比 42%，发展历史在 21～31 年的占比 9.5%，发展历史在 30 年以上的占比仅为 0.4%。从成立时

间看，1999 年及 2014 年前后为一流大学建设高校智库成立的高峰期，这与 1999 年教育部人文社会科学重点研究基地及 2014 年中国特色新型高校智库推进计划的实施相吻合，反映了中国特色新型高校智库的兴起具有强烈的政策驱动意蕴。

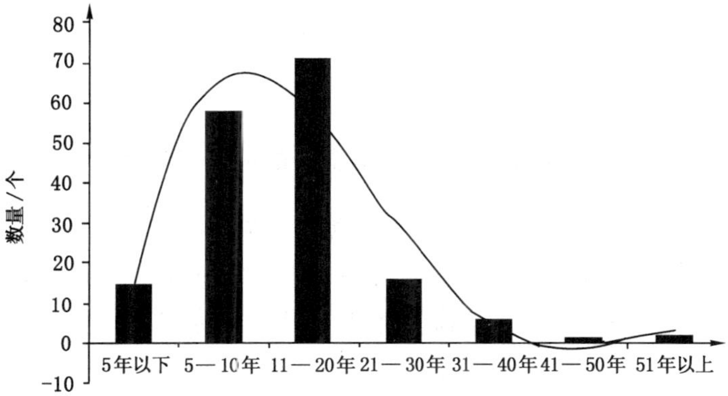

图 4-7　不同发展历史的高校智库数量分布

对一流大学建设高校智库的发展历史及其成熟度得分进行皮尔逊(Pearson)相关分析，以验证一流大学建设高校智库成熟度与其发展历史长短的相关性，实证数据分析发现两者的相关性系数为 0.279，显著性水平为0.000，如表 4-3 所示。相关性在统计学上是显著的，但是相关性不强。这表明高校智库成熟度水平与其发展历史的长短之间没有强相关关系。可以判断，高成熟度水平的高校智库不一定是历史悠久的老牌智库，即使是非常年轻的智库，也有可能凭借政策机会窗口、多个合作平台、有政策企业家精神的个人的努力而有较高的发展成熟度。如果说高校智库发展是一个前进的车轮，车轮所能到达的远方并非随着历史的演进而增加，而是在多种因素作用下 5 个关键域所到达的层级。

表 4-3　智库成熟度与其发展历史的相关性

		历史	成熟度得分
历史	Pearson 相关性	1	0.279**
	显著性(双侧)		0.000
	N	169	169

表 4-3(续)

		历史	成熟度得分
成熟度得分	Pearson 相关性	0.279**	1
	显著性(双侧)	0.000	
	N	169	169

注：** 表示在 0.01 水平(双侧)上显著相关。

四、身份标签：成立模式是智库成熟发展的关键影响因素

依据一流大学建设高校智库的成立模式，将其分为官产学研合作、高校自主设置和国际合作模式。① 官产学研合作培育新型研究机构是一流大学建设高校智库成立的主要模式，官产学研合作主要是指智库成立之时，有明确的政府部门和科研院所挂牌，或在政府部门、企业和科研院所支持下得以成立。高校自主模式指研究型大学院系组织、研究机构等基层组织通过转型升级，向有政策咨询职能的智库发展，或是衍生出有智库功能定位的机构。国际合作模式表现为大学与国际组织、国外高校、国外智库等合作创建智库定位的机构。本研究的样本高校智库中，这三种成立模式的占比约为 70%、25%和 5%。

那么，成立模式是否可以作为一流大学建设高校智库成熟度的影响因素？本研究运用单因素方差分析法，实证验证不同成立模式下的一流大学建设高校智库成熟度水平是否存在显著性差异。如表 4-4、表 4-5 所示，Levene 方差齐性检验 p 值为 0.537，大于显著性水平 0.05，因此基本认为样本数据之间方差是齐次的；单因素方差分析发现，组间平方和是 4 172.196，F 值为 11.759，概率值是 0.000，小于显著性水平 0.05；根据线性形式的趋势检验结果，组间差异被高校智库成立模式所能解释的部分是 3 306.969，被其他因素解释的有 865.227，并且组间变异被高校智库成立模式所能解释的部分是非常显著的。因此可以认为成立模式是一流大学建设高校智库成熟度的关键影响因素。经过多重比较分析发现，官产学研合作模式和高校自主设置模式高校智库的成熟度均值差是非常明显的，而国际合作型与官产学研合作模式、高校自主设置模式的成熟度均值差不是很明显。

---

① 张新培，赵文华. 中国研究型大学智库的发展现状研究：基于内容分析和专家访谈的调查[J]. 高校教育管理，2017，11(4)：91-96.

表 4-4　方差齐性检验

Levene 统计量	df1	df2	显著性
0.623	2	166	0.537

表 4-5　不同成立模式下高校智库成熟度方差分析

<table>
<tr><th colspan="3"></th><th>平方和</th><th>df</th><th>均方</th><th>F</th><th>显著性</th></tr>
<tr><td rowspan="4">组间</td><td colspan="2">（组合）</td><td>4 172.196</td><td>2</td><td>2 086.098</td><td>11.759</td><td>0.000</td></tr>
<tr><td rowspan="3">线性项</td><td>未加权的</td><td>537.136</td><td>1</td><td>537.136</td><td>3.028</td><td>0.084</td></tr>
<tr><td>加权的</td><td>3 306.969</td><td>1</td><td>3 306.969</td><td>18.641</td><td>0.000</td></tr>
<tr><td>偏差</td><td>865.227</td><td>1</td><td>865.227</td><td>4.877</td><td>0.029</td></tr>
<tr><td colspan="3">组内</td><td>29 448.651</td><td>166</td><td>177.402</td><td></td><td></td></tr>
<tr><td colspan="3">总数</td><td>33 620.846</td><td>168</td><td></td><td></td><td></td></tr>
</table>

成立模式强化智库的“身份标签”，对一流大学建设高校智库成熟度有显著性影响，官产学研合作模式有助于获取更多的发展资源及完善运行机制，促进组织成熟度提升。相比较而言，高校自主设置模式的发展更多取决于智库内部的努力，借力外部发展相对不足，导致其成熟度较低。

第五章 国外高成熟度智库发展特征研究

在不同的生命周期阶段，智库每个阶段的情况和特点都有所不同，面临的问题、压力和挑战也各不相同。西方国家政治运行机制的开放性和多元参与性决定了对智库的强烈需求，政府、媒体和广大社会公众都需要智库提供思想支持、政策解读和创新观点。开放的决策机制、强大的私人捐赠、独立的商业运作和独特的“旋转门”机制为智库发展提供了广阔的生存空间和肥沃的文化土壤。① 国外高成熟度智库的崛起历程，伴随着智库与政府、与媒体、与社会关系的磨合，以及智库内部运行机制的完善和思想市场体制的形成。高校智库建设只有在不同时期采取不同措施来保证组织的形成、发展与变革，才能使智库的学术团队更好地发挥效能，完成好特定使命。面临新的发展形势，我国高校也应将智库建设作为创建世界一流大学和一流学科的契机，借鉴国外高成熟度智库的发展经验，提升高校在社会发展、国家建设及参与全球治理中的话语权，逐步提高高校智库的全球竞争力和影响力。

第一节 国外高成熟度智库的内部治理机制

一、组织架构

智库作为参与决策咨询影响政策过程的行动者，其自身内部的治理结构，影响着智库是否可以更有效率地整合不同的资源实现应有的社会功能。西方国家智库数量众多，规模不一，研究领域也千差万别，但它们在组织管理体制方面仍有一些共同点可循。

德国是世界上最早建立智库的国家之一。弗里德里希·艾伯特基金会(Friedrich Ebert Foundation)是德国历史最悠久、规模最大的政治基金会，是与德

① 廖晓东，袁永. 科技决策智库理论与国际经验研究[M]. 广州：华南理工大学出版社，2018：54.

国社会民主党有密切联系的官方型智库，其主要工作包括提供政治教育和咨询、促进国际交流与合作、资助有才能和天赋的青年深造等。作为一个非营利性组织，基金会由董事会、会员大会、理事会 3 个层次的机构进行管理，如图 5-1 所示。董事会是最高管理机构，负责基金会的总体发展规划。根据公司章程，董事会由大会选举产生，任期 2 年，设立董事会主席 1 名，副主席 2 名，董事兼秘书长 1 名，名誉主席 2 名，董事会成员 7 名(最多 11 名)。秘书长是最高行政长官，负责基金会日常事务管理。会员大会由大约 130 名成员组成，他们来自政治、科学、工会和企业等各领域，负责参与制定和完成基金会的工作目标。理事会的任务是根据协会的重要事项向董事会提供咨询意见，支持基金会的工作。目前，理事会约有 65 名成员，主要参与基金会工作议题的讨论与设立。理事会下设政治教育部、国际合作部、科学研究部 3 个专业部门以及行政管理部，每个部门根据具体工作重点再细分为子部门，共同完成和实现基金会的各项活动和管理任务。

图 5-1　弗里德里希·艾伯特基金会组织结构图

(资料来源：孙杰. 德国弗里德里希·艾伯特基金会的运行机制与发展态势[J]. 智库理论与实践，2019,4(2):64-73)

美国智库同样大多采用董事会或理事会管理制度。董事会一般由著名企业家、政治家、学者等组成，董事会的职责是为智库提供重大事务决策，决定智库的方向，包括重要的人事变更、研究规划、财务的预算结算等。有的董事会或理事会下设顾问委员会，总裁是智库的负责人。委员会监管智库的日常运行，总裁负责管理智库的日常项目，总裁之下设立具体的行政管理和研究部门。以布鲁金斯学会(Brookings Institution)为例，在总裁之下，学会由行政管理和学术研究两大机构组成，其中行政管理机构包括5个部门，学术研究机构包括5个部门。① 布鲁金斯学会的组织机构管理较为扁平化，压缩了决策层和操作层之间的距离，使智库高层和研究人员之间的距离尽量短，层级尽量少，保证信息及时准确传递，提高了效率。另外，这种组织结构能够保证研究人员享有宽松的空间和较高的地位，在得到研究项目和经费后，能够大胆开展独立研究，不会受到任意干涉，这是智库产生高质量研究成果的重要保证之一。

经过较长时间的发展，美国智库在管理结构上趋于扁平化，通过吸纳兼职研究人员弥补专职研究人员的不足，智库参与政策更加灵活。创立于1981年的彼得森国际经济研究所(Peterson Institute for International Economics)是一家专门研究国际经济问题的智库，其坚持精简的管理结构和人员结构，以优惠条件吸纳全球高知名度和影响力的经济学家，以敏锐的分析和超前的理念影响政府决策和舆论，被誉为美国智库中的“轻骑兵”。其在管理层架构方面具有两个鲜明特点：一是在保持传统智库董事会设置的基础上，单设顾问委员会，尽可能多地吸纳国际经济领域的权威学者和领军人物，快速提升影响力；二是实行水平型管理结构，既可以覆盖所有国际经济研究领域，又能激发内部竞争和研究活力，也避免了因分层管理导致的官僚作风和成本上升问题。该研究所设1名总裁和3名副总裁，其中总裁全面负责研究和行政事务，执行副总裁兼研究主任负责研究成果的质量控制和审核，出版及通讯副总裁负责研究成果转化出版，运营副总裁兼首席技术官负责网站开发与维护。②

高校汇集了各级各类、各行各业的知识精英，是一个体系庞大的“思想库”，因此，智库与高校发展密切相关。国外高校智库与所在高校的隶属关系存在三种模式：一是直接隶属于大学，受大学垂直管理；二是隶属于大学的附属学院；三是由大学和政府、其他研究机构合作共建、共同管理。对于在大学中独立设

① 周琪.美国智库的组织结构及运作模式：以布鲁金斯学会为例[J].人民论坛，2013(35)：8-14.

② 李昊.国际顶级经济类智库的人才培养模式及对我国的启示[J].黑龙江金融，2019(7)：26-28.

置的智库而言，其组织管理与民间独立智库较为类似，一般设有专门的董事会（或类似的管理委员会）和行政管理机构，并根据研究领域划分了若干专家研究组或工作组。以哥伦比亚大学地球研究所为例，该研究所作为哥伦比亚大学下属的一个独立研究机构，拥有 30 余个研究中心，各类学者、博士后、学生及职员总数超过 850 人。为管理这个庞大的智库，地球研究所专门成立了外部和内部两个层面的多个管理机构，其中外部机构包括：外部咨询委员会（external advisory board）、管理咨询委员会（management advisory board）和领导委员会（leadership council）；内部机构包括：主管委员会（directorate）、地球研究所教授会（earth institute faculty）、管理团组（management team）等。尽管从表面上看，地球研究所管理机构众多、组织复杂，但这些机构的职能分工清晰、互为补充，共同为研究所相关研究工作的顺利开展提供保障。如在外部管理机构中，外部咨询委员会的职能是为地球研究所提供科学、公共政策、教学以及相关领域的指导，管理咨询委员会的职能是利用自身专业优势向地球研究所的管理层提供有关管理方面的建议，领导委员会的主要职能是为地球研究所探索合作机会和获取更多的资源。总体而言，外部管理机构的职能集中在方向指导、资源拓展、推广宣传等宏观高度，成员包括来自国内外相关研究领域的专家学者、商界精英、社会活动家等。具体到微观事务层面，则是由主管委员会、教授会和管理团组等内部机构负责。主管委员会的成员包括研究所主任、执行主任和两位副主任，主要负责制定研究所工作议程、对优先发展的重点项目进行专业和组织领导；教授会成员由哥伦比亚大学教务长任命，职能是为研究所的研究活动提供跨学科的学术方法指导，开发交叉性的研究项目，召集学术评议会及相关的学生活动；管理团组由研究所执行主任领衔，成员包括研究所下属各行政办公室的主任，具体负责研究所的日常行政事务。①

当然，并非所有的高校智库都有必要组建类似于哥伦比亚大学地球研究所那样庞大的管理体系，对于很多附设于大学某些院系的智库而言，其组织与管理结构就要简单得多，主要的管理职能实际上是由智库所在的学院来承担的。如哈佛大学肯尼迪政府学院下设有 15 个研究中心，这些属于智库性质的研究中心在管理上主要依赖所在的肯尼迪政府学院，智库一般会聘请政商学界的知名人士组成咨询顾问性机构，内部事务大多由智库的行政主管（或主管委员会）负责。

---

① 田山俊.美国大学智库：历史经纬与现实观照[J].西北师大学报（社会科学版），2016，53(3)：73-80.

澳大利亚新南威尔士大学社会政策研究中心在成立时就明确了机构的主要使命在于创建社会政策知识生产共同体，将学术成果输入社会政策过程，而不仅仅局限于大学内部的学术职能。[①] 但是当时该机构的组织治理模式具有显著的等级性和集权性，科研人员在研究中心的治理过程与科研项目资助申请等方面几乎没有相应的话语权，这一现状直到机构创始人亚当·葛来卡(Adam Graycar)在 1980 年引入科研议程与政府政策需求协同发展模式才发生改变。此后，研究管理委员会应运而生。21 世纪初，政府对社会政策研究中心的资助模式进行改革，开始实施招投标资助机制，这一改变促使中心所开展的科研活动转向以开拓新的资助为渠道的商业发展活动。治理结构由集权治理向协同治理的转变，实现了管理委员会角色由直接命令向咨询监督的转变，科研活动的自主选择权显著提高。

二、人才管理

大学智库不仅是研究和咨询的场所，也是汇集人才和培养人才的地方，既为政策知识精英提供施展才华的舞台，也为有思想、有活力的年轻政策学者提供锻炼与深造的机会。可以说，除了完善的组织架构，知识分子尤其是领军人物的作用发挥也是智库发展的关键因素。[②] 顶级智库在招聘时，会最大程度做到专业、种族、文化背景、教育、工作经历等方面的多样化。唯有多样化、包容化的人员构成结构，才能使得顶级智库更具有创造力及全球化视野。国外智库原则上采用公开招聘的方式吸收研究人员。它们的进入渠道包括：一是从名牌大学招收刚毕业的博士、硕士；二是从大学、企业界聘请专家；三是吸收政府卸任官员；四是从别的智库中招聘人才。[③]

美国高校智库拥有灵活的聘任机制，根据研究合同和特殊政策问题的需要，借助高校、政府、企业等主体之间的关系网，灵活吸收具有相关学科背景的人员，整合多方资源，挖掘研究成果的深度。他们往往建有庞大的社会关系网络，汇集来自政界、学界、企业界等各方面精英人才，通过“旋转门”制度让优秀的智库研究者到政府有关部门任职，将自己的理论研究直接作用到政府的实践

---

① Lawrence J. Social policy research: 25 years of a national research centre[R]. Sydney: Social Policy Research Centre, University of New South Wales, 2006: 10-15.

② 张新培，赵文华. 谁在为著名高校智库工作：基于人员任职经历的结构化网络分析[J]. 清华大学教育研究，2014(6): 59-65.

③ 侯经川. 国外思想库的知识管理[J]. 科研管理，2004, 25(6): 23-27.

工作中去，同时，也接受政府离职的官员进入智库，以拓宽智库与政府之间的联系渠道。① 事实上，“旋转门”机制正是一种保障不同观点交锋和抗辩的制度性设计。如图 5-2 所示，美国“旋转门”相关公职人员基本覆盖了美国的主要行业，已经演变成为一种基于美国权力关系网的政商利益交易机制。智库精英周期性地批量进出是美国智库“旋转门”的一个特点。例如，美国前总统奥巴马的政府中有大量来自布鲁金斯学会的知识精英，其中包括赖斯(Susan Rise)、贝德(Jeffrey Bader)、奥斯泽格(Peter Orszag)和戈登(Philip Gordon)等人。据不完全统计，2009 年奥巴马上台后，吸纳了 36 名布鲁金斯学会的成员充当政策顾问，其中 15 名成员担任政府大使以上级别的要职。而在 2017 年特朗普上台之际，奥巴马团队中的智库成员又纷纷离开白宫，重新回到研究机构继续自己的研究生涯。②

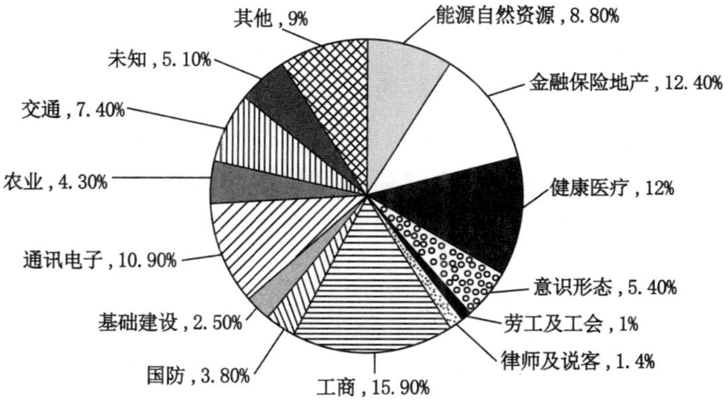

图 5-2　美国“旋转门”相关公职人员涉及行业

(资料来源：石培培. 大数据视角下的美国“旋转门”关系网：基于 1.6 万余名美国公职人员的数据分析[J]. 当代世界，2017(9)：50-54)

在人员聘任方面，高校智库主要是通过两条途径促进国际交流。一是董事会等领导人的多元化。从国外聘请一定量的人员作为董事会成员或顾问，帮助高校智库制定出符合国际背景的战略方针，拓宽研究领域和人脉。二是研究人员的多样化。依据研究项目和热点，灵活聘请国外学者共同开展研究，方便研

① 袁曦临，刘利. 从“有形学院”到“无形学院”：高校智库建设的逻辑与组织结构模型[J]. 情报资料工作，2019，40(3)：6-12.

② 谭锐. 中美智库“旋转门”机制的对比分析[N]. 中国社会科学报，2020-08-06(2).

究资料获取，提升研究层次，推进研究成果运用。此外，美国高校智库还拥有数量众多的访问学者，这也进一步推进了国际化合作交流。①

斯坦福大学胡佛研究所通过吸纳聚集知名学者、政商界人士，形成研究所与校内其他院系之间的“内部旋转门”。在胡佛研究所常驻的100多位研究人员中，80%以上为高级研究人员，有105人次是美国各类院士和各类奖章的获得者。这些研究人员中又有80%以上由胡佛研究所和斯坦福大学其他院系联合聘任，由胡佛研究所和其他院系分别支付相应的聘任费用，使这些研究人员可以在胡佛研究所和斯坦福大学其他院系之间相互转换。胡佛研究所的研究组织模式在传统的个人研究、优先主题研究的基础上，设计了工作小组的研究组织模式，对研究所长期关心的领域设立工作小组。通过工作小组，研究所聚集了相关领域内外不同学科背景的专家共同研究，所内外专家的比例接近一比一，大大增强了研究所的实际研究能力。②

同时，西方国家智库非常注重开展教学与培训活动，以加强战略研究人才培养与储备，使战略研究保持发展后劲。培养下一代专家和未来领导者是很多一流高校智库参与人才培养的主要目的。一些高校智库的核心业务是在稳定的研究领域内，开展问题导向的政策研究，但“教学和培训”也被列为智库的重要使命之一。例如，莱斯大学贝克政策研究所聚焦能源和中东研究，同时致力于“培养能源领域下一代领导人”，智库的研究人员也会开设与自身研究议题相关的公共政策课程。美国斯坦福大学弗里曼·斯伯格里国际问题研究所致力于“培养国际事务领域的未来领导者”。马里兰大学国际安全研究中心致力于发展和培养“下一代美国和外国安全专家”。以上各类称谓虽然不尽相同，但都指向了“下一代政策精英”。③

蒙克全球事务学院(Munk School of Global Affairs)旧称“蒙克中心”(Munk Centre)，最初由加拿大商人彼得·蒙克(Peter Munk)个人捐资640万美金于2000年建立，坐落在多伦多大学三一学院院址，为多伦多大学下属学院，2012年在彼得·梅兰妮蒙克慈善基金会、加拿大联邦政府和安大略省政府共同捐助下进行了扩院建设。该学院现有10个研究中心和研究所，其中亚洲

① 吴业春，李建强. 美国一流的高校智库功能定位及特色发展研究[J]. 国家教育行政学院学报，2017(5):89-95.

② 陈英霞，刘昊. 美国一流高校智库人员配置与管理模式研究：以斯坦福大学胡佛研究所为例[J]. 比较教育研究，2014(2):66-71.

③ 毛建茹，伊影秋. 国外大学智库人才培养的经验与启示[J]. 高教探索，2019(10):51-58.

研究所无论在政府项目承接、人员配置还是学术活动频率方面均位列各中心之首。亚洲研究所拥有100多位全职和兼职研究员，每年举办近140场研讨会、政策讲座和学术活动，成为加拿大政府亚洲政策重要的孵化平台之一。由于加拿大外交部许多官员毕业于早先的“蒙克中心”，因此该院也被视作加拿大外交人才的摇篮。该学院毕业生进入外交部和外交部高级外交官卸任后加入该学院成为一种常态。如此丰富的学术资源和直达决策者的畅通渠道将该学院锻造为加拿大的旗舰智库。①

学术实力是智库一切实力的基础，也是智库能够为研究人才提供的重要资源。国外高成熟度智库人员往往具有学术、政府、商业、媒体和非营利性社会组织的多元化任职经历，这有助于智库增强和积累社会资本，有效提高政策影响力。实力越强的智库，越倾向采取先进的、适合本身情况的人才组织和流动方式减少资源浪费、提高工作效率，并且也越有能力对此做出调整。除了设计人才队伍组织方式，以期获得高效、灵活的人才搭配应对各项任务外，智库实力也有利于为内部人才提供短期交流机会、吸引外部人才。人才实力与智库的实力之间形成了互相促进的双螺旋上升态势。②

第二节 国外高成熟度智库的影响力形成机制

一、议题选择

法国思想家米歇尔·福柯(Michel Foucault)认为，学科构成了话语产生的一个控制系统，它通过统一性来设置其边界。③ 任何学科既是一个研究领域，也是一种社会规范。智库要为决策服务、影响公共政策，为企业服务、影响企业发展，为社会服务、影响社会导向，就必须科学合理地进行学科布局，根据自己的功能定位和资源禀赋设置相应的研究议题，从而最大限度地提高科研资源的配置效率，最大限度地发挥自己的影响力。④ 高校智库所在的大学一般具有悠久

① 钱皓. 加拿大智库与加对华政策研究[J]. 国际观察，2016(6)：86-100.

② 杨文慧，李宏，孔媛. 国外智库研究人才组织与流动模式研究[J]. 智库理论与实践，2018(4)：25-32.

③ [法]米歇尔·福柯. 知识考古学[M]. 谢强，马月，译. 北京：生活·读书·新知三联书店，2003：199.

④ 谭维克. 建设首都社会主义新智库研究[M]. 北京：中央文献出版社，2012：123.

历史，文化积淀深厚，具备人才培养和科学研究相结合的优势，容易形成启发灵感、活跃思维、增强创新性的良好氛围，从而使这类智库易于产生创新性的思想、方法、成果和政策建议。[①] 如表 5-1 所示，西方高校智库研究的议题选择已经从传统的经济、政治、军事、外交等领域，覆盖到了环境、气候、能源、网络、核扩散、反恐、金融危机、税收领域，还拓展到了社会关注的养老、就业、教育、城市发展、医疗等各类公共政策。大型智库越来越具有综合集成能力，研究领域呈现宽视野、全方位、跨学科、体系化。

表 5-1 部分国际知名高校智库的研究领域及相关学科

智库名称	主要研究领域	相关学科
哈佛大学贝尔弗科学与国际事务研究中心（Belfer Center for Science and International Affairs）	外交与国际政治、环境与自然资源、国际安全以及科学、技术和公共政策等	政治与国际问题，社会政策与行政管理，环境科学
伦敦政治经济学院思想/公共政策小组（IDEAS/Public Policy Group）	公共政策评估、公共部门创新、公共部门生产率、新公共管理趋势、政府和公民关系、电子政务、选举制度等	社会政策与行政管理，政治与国际问题
莱斯大学詹姆斯·贝克三世公共政策研究所（James A. Baker Ⅲ Institute for Public Policy）	能源、卫生和生物科学、中东问题、公共财政、生物医学、药物政策、国际经济、拉美研究、总统选举、宗教和公共政策、科技政策、太空政策等	经济学，会计与金融，生命科学与医学，环境研究
苏塞克斯大学发展研究所（Institute of Development Studies）	市场与国家、城市研究、冲突与暴力、数字技术、性别研究、绿色转型、治理、卫生与营养、权力与大众政治、农村发展等	发展研究，生命科学与医学，政治与国际问题
伦敦大学国王学院国防研究中心（Centre for Defence Studies）	情报和国家安全、英国外交安全和国防政策、欧洲防务与安全、国防工业和采购、区域安全和新安全挑战等	政治与国际问题
哈佛大学国际发展中心（Center for International Development）	经济增长、国家治理能力、教育、社会和经济等	经济学，发展研究，社会政策和行政管理，教育学

① 王莉丽. 旋转门：美国思想库研究[M]. 北京：国家行政学院出版社，2010：37.

表 5-1(续)

智库名称	主要研究领域	相关学科
巴黎政治学院国际问题研究中心(Center for International Studies)	网络安全和技术、国防和安全、能源和可持续性、全球健康、人权、国际发展等	政治和国际问题
斯坦福大学胡佛研究所(Hoover Institution)	教育、经济、法律、国际关系、社会政策、药学、国际事务与安全等	教育学,经济学,法律,国际关系,社会政策与行政管理,药学,生命科学与医学
里约天主教大学金砖国家政策中心(BRICS Policy Center)	国际政治与多边议程、发展、贸易、金融和投资、城市发展与可持续性、科技合作、金砖国家经济与政治、创新和发展治理等	政治与国际问题
约翰·霍普金斯大学埃德温·赖肖尔东亚研究中心(Edwin O. Reischauer Center for East Asian Studies)	亚太政策、欧亚研究中的热点问题、全球背景下的美日关系	政治与国际问题

资料来源:侯定凯,朱红蕊."相互妥协"或"相得益彰"?:反思高校智库与学科发展的关系[J].高校教育管理,2019,13(1):26-35。略有修改。

成立于 1930 年的普林斯顿大学公共与国际事务学院是美国高校智库的杰出代表,学院旨在开展公共和国际事务的研究,并致力于培养通晓公共行政和国际事务的专业人才。如表 5-2 所示,通过对普林斯顿大学公共与国际事务学院国际化研究议题进行考察,可以发现美国高校智库的国际化发展,主要是通过研究领域和研究队伍的国际化、课程设置的国际化、学术合作和交流的国际化、研究成果传播的国际化发展等举措来实现。①

雄厚的学术积淀、扎实的理论研究、多样的学术背景、广泛的学科分布是哈佛大学智库发展所拥有的独特优势。作为哈佛大学最晚成立的一个学院,肯尼迪政府学院从 20 世纪 60 年代起至今已培育出众多高水平智库。特别是进入 20 世纪 80 年代后,肯尼迪学院的智库建设开始加速,到 21 世纪初,学院已陆续

① 董石桃,刘勇.美国高校智库国际化发展及其启示:基于普林斯顿大学威尔逊公共与国际事务学院的考察[J].比较教育研究,2016,38(3):46-53.

表 5-2　普林斯顿大学公共与国际事务学院研究议题的国际化导向

研究中心的研究导向	研究领域	研究主题
以国际化为导向的研究	国际政治与贸易	WTO 的成员资格； 加拿大地理位置对其服务贸易的影响； 国外直接投资与贸易协商机构的多元化； 发展中国家的信用、义务及经济变动； 贸易价格和 2008—2009 年全球贸易的崩溃； 法国政治的发展、法国及全球经济秩序
	经济与金融	以“撒哈拉以南的非洲人民其健康和卫生保健在世界中水平最低”为主题，通过 2012 年盖洛普世界民意调查数据来分析该地区人民对其健康状况和医疗卫生保健的满意程度； 以美国出生的妇女为对象研究短期和长期失业对生育的影响
	国际发展	全球治理中的组织生态和组织的多样性； 解决中国抗生素滥用：一种实验性研究； 发展中国家早年健康和成年后健康状况； 国外政策研究——和平的困惑：美国在阿拉伯和以色列之间； 欧洲危机及美国的策略； 亚洲的联盟政治与强制外交问题
集中于美国本土问题的研究	国内政治	墨西哥移民健康状况短期变化对美国移民的影响； 选举规则或选举杠杆？——解释英国穆斯林代表
	国内社会政策	长期和短期失业对怀孕的影响； 美国政治史； 大逃亡：健康、财富以及不平等的起源
基础研究（既包括国内事务研究也包括国际化事务的研究）	货币和微观经济政策	金融危机背景下的欧洲危机； 美国中产阶级经济政策及其未来
	环境和能源研究	将非洲湿热带草原转换成耕地的高碳和生物多样性代价； 中国跨省调配水资源和国外食品贸易； 国际能源政治； 碳排放和美国农业气候的交互作用

资料来源：根据普林斯顿大学公共与国际事务学院官方网站（https://spia.princeton.edu/）相关信息整理。

成立了十余个专注于不同领域公共政策研究的智库机构如表 5-3 所示。肯尼迪政府学院的机构中心种类多样、包罗广泛，既包括民主与人权、政策与治理等重要议题，也涵盖美国本土各州、不同国家城市的地域研究，还涉及国际形势、商务财政、新闻媒体、伦理责任、种族女性等主题。其致力于有效解决专业领域及交叉领域的重大难题、追求知识创新与实践变革，成为公共政策与政府治理研究方向的学术表率。① 各智库成员一方面围绕公共议题开展广泛的应用研究，另一方面也积极参与学院正常的教学和学术活动。多重角色的互为支撑与共存互融，促成了智库与学院的同步发展，使肯尼迪政府学院成为构建智库与高校“命运共同体”的范本。②

表 5-3　20 世纪 80 年代至 21 世纪初肯尼迪政府学院成立的智库名录

序号	智库名称	成立时间	工作主旨
1	穆萨瓦-拉赫马尼商业与政府中心 Mossavar-Rahmani Center for Business and Government	1982 年	针对社会上公私机构对接领域中最具挑战性的问题进行研究与政策分析，通过研究与对话，寻求理论科学、实践可行的解决方案
2	住宅联合研究中心 Joint Center for Housing Studies	1985 年	开展住房问题研究，帮助政府、商界和公共部门的领导者做出能有效解决城市和社区住房问题的决策
3	埃德蒙·J. 萨夫拉伦理中心 Edmond J. Safra Foundation Center for Ethics	1986 年	针对政府、商业和其他专业领域普遍存在的道德滑坡问题，开展公共生活伦理的教育和研究，积极参与社会道德运动
4	肖恩斯泰因媒体、政治与公共政策中心 Shorenstein Center on Media, Politics and Public Policy	1986 年	从理论和实践层面对媒体、政治和公共政策的关系进行研究，为新闻界与学界和公众搭建沟通的桥梁
5	塔伯曼国家与地方政府中心 Taubman Center for State and Local Government	1988 年	致力于国家与地方治理及政府间关系研究，重点关注公共与劳动关系管理、城市建设与环境保护、教育、信息技术对政府治理的影响等领域

① 刘盾. 哈佛大学肯尼迪政治学院“智库群”建设之探究及启示[J]. 黑龙江高教研究，2017(7)：1-4.

② 何振海. 一流大学智库的孵化器：哈佛大学肯尼迪学院智库建设的历程、路径及其启示[J]. 高等教育研究，2017，38(4)：91-100.

表 5-3(续)

序号	智库名称	成立时间	工作主旨
6	马尔科姆·维纳社会政策中心 Malcolm Wiener Center for Social Policy	1988 年	努力改善卫生保健、人权、刑事司法、不平等、教育和劳动领域的公共政策和实践
7	豪瑟公民社会研究所 Hauser Institute for Civil Society	1997 年	加深和推动学者、决策者和公众对公民社会及其领袖、机构的认识与批判性思考
8	卡尔人权政策中心 Carr Center for Human Rights Policy	1999 年	研究、宣传和推广人权标准,加深政府对人权在公共政策制定过程中的重要性的认识
9	国际发展中心 Center for International Development	2000 年	深入认识发展面临的挑战,为彻底解决全球贫困问题提供切实可行的方案
10	公共领导中心 Center for Public Leadership	2000 年	培育下一代的领导精英;开拓领导力、公共服务和决策领域的学术前沿;汇聚一流学者开展跨学科、跨领域的公共服务研究
11	拉帕波特大波士顿地区研究所 The Rappaport Institute for Greater Boston	2000 年	通过加强学术界与公民领袖的联系,改善大波士顿地区的公共治理
12	阿什民主治理与创新中心 Ash Center for Democratic Governance and Innovation	2003 年	通过学术研究、教育和公共讨论推动政府治理和公共政策的卓越与创新

资料来源:根据哈佛大学肯尼迪政府学院官方网站(https://www.hks.harvard.edu/)相关信息整理。

作为近年来全球高校智库中的翘楚,隶属哈佛大学肯尼迪政府学院的贝尔弗科学与国际事务中心(简称“贝尔弗中心”)也是长期专门从事产出政策知识和政策思想以及培养政策研究人才的实体性研究机构。与其他智库相比,1973年成立的贝尔弗中心起步不算太早,但得到了迅速的发展。贝尔弗中心主要关注和研究国际安全问题,特别重视科技在政府决策过程中所扮演的角色和发挥的作用。该中心自成立起就明确了功能定位和主攻方向,经过 40 多年的探索,形成了适合自身的项目管理模式、人员配备机制和传播推广机制,由此得到了各大智库评价机构的认可。该中心承担的研究课题领域广泛,涵盖外交与国际政治、环境与自然资源、科技和公共政策等，具体包括：针对美国国家利益和国际安全的最具紧迫威胁的“国际安全计划”、分析公共政策如何影响科技安全、能源效率、可持续发展和经济竞争力的“科学、技术和公共政策计划”“环境与自然资源计划”等项目。该中心在能源技术政策创新、气候协议、网络项目、原子能管理等领域均有丰硕成果。①

20 世纪 90 年代至今，随着全球化对人类社会影响的不断扩大，全球智库快速发展，呈现繁荣之势。美国高校智库在国际舞台上日益活跃，其研究视野不再仅局限于本国政策研究，逐步扩展到全球性问题上，由此产生了一大批围绕全球、地区和国家重大事务问题进行研究的新型高校智库。例如，哥伦比亚大学 2013 年在肯尼亚首都内罗毕设立“全球中心”，该校智库地球研究所跟进学校的全球化战略，在肯尼亚开展了一系列旨在推动当地社会可持续发展的研究项目。② 基于教育发展的全球化、美国全球战略的推行和美国高校智库自身发展的诉求等背景，美国高校智库通过影响国家全球教育治理政策、培养全球教育治理人才等途径积极参与全球教育治理，彰显鲜明的宗旨立场、全球化的研究视野和应用导向的人才培养模式等价值意蕴。③

公共决策议题的多元性复杂性和综合性，客观上也需要更加多元化的智库，社会主体参与观察、分析并提出各自独特且互补的观点，这些观点之间的互动、竞争与交流是以推动现实问题的研究与解决来进行整合的。研究议题的多元化也因此成为国外高成熟度智库发展的显著特征之一。从职能结构的角度看，高校智库所承担的政策研究与官方智库、独立智库恰好形成了互补型的结构，官方智库往往直接为政府决策服务，侧重信息的提供与分析，研究的学术性、思想性稍显不足，独立智库则主要专注于当下性、紧迫性的政策研究，很难集中精力对某一领域进行全面、系统和长期的研究，而高校智库偏重长期性、系统性、战略性政策研究的职能特征很好地弥补了官方智库和独立智库的不足。④这进一步凸显了高成熟度智库在西方国家政策研究领域的职能价值。

---

① 张瑾.全球顶尖高校附属智库的启示：以贝尔弗科学与国际事务中心为例[N].中国社会科学报，2018-04-12(5).

② 侯定凯.国外一流高校智库的全球扩张[J].中国高教研究，2015(8)：14-15.

③ 欧阳光华，胡艺玲.全球命运与国家立场：全球教育治理中的美国高校智库探析[J].高教探索，2019(8)：94-99.

④ 王莉丽.旋转门：美国思想库研究[M].北京：国家行政学院出版社，2010：39.

二、成果推广

成果转化与推广是智库进行政策咨询研究的归宿。在西方国家，智库已经成为影响政策决策和推动社会发展的一支重要力量，其各种行为的核心目标是影响决策产出，从而体现其自身的社会价值。提升智库研究成果影响力的传统方法多种多样，相关研究通常强调情报的搜集、研究水平的深入与提高、训练专业化人才以及搭建起智库和决策部门人才双向交流的桥梁等。而根据传播学理论，理论产品的社会影响力大小，不仅取决于产品的"品质"，还与产品的传播方式与能力密切相关。思想性、现实性是智库成果的重要特征，系统、顺畅的传播渠道与机制能为智库发挥社会影响力提供广阔的平台，从而有效扩大智库理论产品的传播规模与宣传效应。① 结合智库在社会治理体系的中心地位，李宏、杨文慧和冷伏海参考信息链理论，将智库影响力形成及传播过程分解为 5 个阶段，包括问题导向的研究资料集聚、有针对性的资料重组活动、智库思想的定向传递及伴随的不定向传播、智库思想进入公共决策以及资料分解与影响力的再传播，如图 5-3 所示。

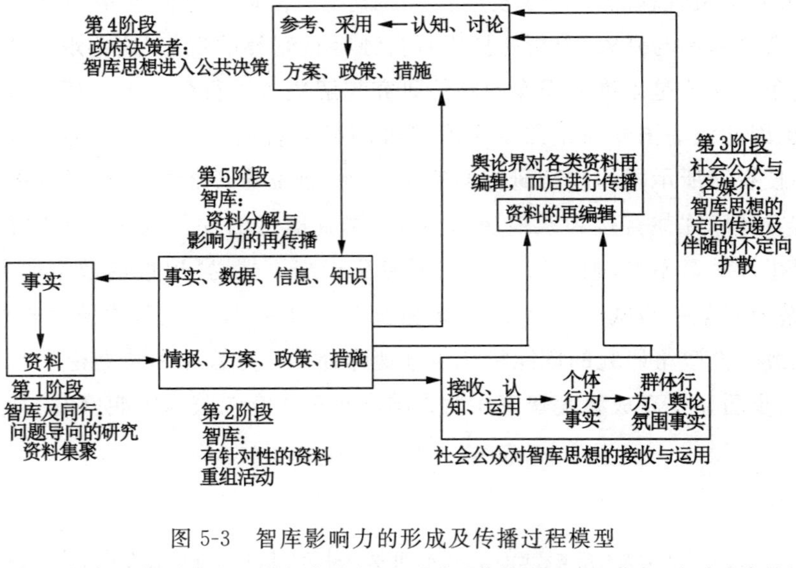

图 5-3 智库影响力的形成及传播过程模型

（资料来源：李宏，杨文慧，冷伏海. 国外智库影响力的形成及传播过程：基于信息—解决方案链的视角[J]. 科技导报，2018，36(16)：70-77）

---

① 王辉耀，苗绿. 大国背后的"第四力量"[M]. 北京：中信出版社，2017：96.

智库在当代世界的重要性体现在其扮演了知识再生产的组织者角色，使得本来较偏向形而上的理论知识可以以组织化的形态参与到现实世界中，并通过这一特殊地位，将知识产品精准地按现实世界的需要投放到思想市场中。① 智库的主要产品是能解决实际问题的思想和政策建议，这就需要明确的问题意识，需要以当前国际社会和外交政策与战略中所面临的一系列重大而尖锐的挑战作为自己的研究对象。国外高校智库一般是通过直接参政、建立与政策决策者和决策部门的联系、打造成果发布和传播平台等多元化的途径，提升服务决策能力。特别是智库人员的研究成果经媒体推介后，不仅能够极大地扩大传播范围、提高传播效果，而且可以使研究人员及时获知业界动向，加强与持不同观点的智库间的交流与沟通，接受公众对研究成果的评价和辩论。智库在通过媒体宣传自身观点的同时，也不断提高自身的学术研究能力和观念推广能力。②

如普林斯顿大学公共与国际事务学院撰写的《普林斯顿报告：法制下的自由社会》，针对美国面临的新的国际挑战，提倡以多边主义战略代替小布什时期的单边主义外交，报告的部分内容后来成为奥巴马政府的施政方针。再如哈佛大学欧内斯特·梅和艾利森研究小组从案例和决策过程入手研究国家安全战略的路径，最终也获得了学术研究和政策研究的双丰收。③ 目标导向是高校智库运行的基本战略，美国高校智库始终坚持政策研究与学术研究相结合的双重目标导向。纵观美国教育政策研究联盟（The Consortium for Policy Research in Education）的研究项目与内容，亦可以发现其研究均是基于问题导向，开展调查、收集数据、事实、案例，以此作为证据材料分析原因，找出解决问题的策略或可行性方案，体现出高度专业化。④

国外高成熟度智库不仅强调通过独立研究，提出符合公众利益的公共政策建议，影响政府决策，也注重通过各种手段，塑造自身良好的公共形象。智库大都建有自己的网站，将其价值理念、组织结构、基金管理、研究重点、项目申报、重要成果及时公布，增加对外透明度，提高社会关注度；公开发表年度和专题报告，提供一定的免费出版物，有的在公开研究成果上注明资助者，借以维护资助者、成果使用者和公共读者的经常性联系；经常性举办各种类型的公共政策研

① 郑永年等.内部多元主义与中国新型智库建设[M].北京：东方出版社，2016：13.

② 朱旭峰，周毅.中国智库有待升级[J].领导文萃，2011(24)：116-119.

③ 于铁军.世界一流大学智库建设的经验与借鉴[J].中国高教研究，2015(8)：12-14.

④ 周洪宇，付睿.美国大学教育智库共同体的特点及启示：以美国教育政策研究联盟(CPRE)为例[J].全球教育展望，2017(1)：116-128.

讨会、座谈会或成果发布会等,加强与智库外研究咨询机构、大学和专家学者的联系,发现有价值的研究选题、研究人员,提升自身在咨询研究领域的地位。[①]在智库与媒体互动的过程中,西方媒体也经常会将自身的立场和态度与智库研究取向和成果巧妙地融合起来,通过一种潜在的框架来达到影响舆论的效应。[②]

如斯坦福大学胡佛研究所的研究人员通过参与电视访问、电台节目、周日论坛、网络新闻等来共享研究成果和发布最新研究课题;普林斯顿大学高等研究院与世界银行、联合国、国际货币基金组织、欧盟等机构共同举办专题研讨会议、国际学术会议、政治分析会议等,对学术界产生深远的影响;加州大学圣迭戈分校 21 世纪中国研究中心举办东北亚合作对话,将中美日俄朝韩六国的重要政府官员、知名学者和安全问题专家聚集在一起,讨论各方所关心的政治、安全和经济问题,产生了广泛的社会影响力。又如,詹姆斯·麦甘(James G. McCann)作为美国智库研究领域的专家,在其主导下自 2007 年起通过宾夕法尼亚大学"智库与公民社会项目"(Think Tanks and Civil Societies Program,简称 TTCSP)每年发布《全球智库报告》。[③]《全球智库报告》对全球各地区智库发展动态、特点和趋势进行分析,包括本年度全球智库数量和智库排名等,把智库研究视野扩展到了全球。如今,该报告已成为一个全球性的智库"百科大全",是反映国际智库发展动态的指南针和评估智库综合影响力的主要依据。

西方发达国家的智库话语传播已经形成了日臻成熟的运作机制,其成果发挥影响力大致经过议题产生、研究、传播这三个步骤,每一步都离不开社会网络提供信息资源,在议题产生阶段需要获得前瞻性政策议题方向,在研究阶段需要获得更深入的观点信息,在研究成果的传播阶段则需要传递的渠道和媒介将信息定点或广泛发布。[④] 总体看来,国外高校智库为了把研究成果应用于社会,非常注重多渠道发布成果。如表 5-4 所示,智库的官网和中心刊物已成为其发布成果的标配,而传统的工作坊、论坛、沙龙、研讨会、对话会、人物访谈等也是常见的成果发布方式,此外还充分利用推特、博客等新媒体把研究者与媒体紧密地联系起来,尽可能地放大研究成果的边际效应。与媒体的密切关系为智库

① 慕海平,田青.借鉴国际经验打造有影响力一流智库[J].行政管理改革,2011(3):57-61.

② 吴非,张慧芬.中国纸媒与美国思想库的互动特征及其启示:以布鲁金斯学会为例[J].公共外交季刊,2012(3):95-104.

③ University of Pennsylvania. 2019 Global Go To Think Tank Index Report[EB/OL].(2020-01-28)[2020-07-26]. https://repository.upenn.edu/think_tanks/17/.

④ 郑永年等.内部多元主义与中国新型智库建设[M].北京:东方出版社,2016:224.

把自己的思想产品及时推广并影响社会奠定了良好的基础。

表 5-4　国外高校智库多元化的成果推广形式

高校智库名称	具有特色的成果推广形式
美国哈佛大学国际发展中心	学术活动(全球赋权会议年会、包容性增长和发展研讨会、越南发展研讨会);系列研讨会(演讲者研讨会、安全与发展研讨会、成长实验室研究研讨会);研究报告;学术论著
美国斯坦福大学胡佛研究所	胡佛出版物;胡佛频道;胡佛研究所研究员的个人博客;胡佛视频系列;胡佛播客;胡佛工作论文
美国莱斯大学贝克公共政策研究所	互动和协作技术的广泛使用;学生论坛;学术会议
英国伦敦政治经济学院国际事务与外交战略研究中心	达伦多夫论坛;伦敦政治经济学院外交委员会;媒体推广;学术活动;学术出版物
英国萨塞克斯大学发展研究院	布莱顿艺穗节活动;发展研究院公报;在线平台
法国巴黎政治学院国际研究中心	个人成果;丛书出版;中心期刊;普及性专题期刊;电子期刊
日本早稻田大学亚洲太平洋研究科	学术刊物(《亚太研究》、《亚洲太平洋研究科论集》、《系列研究》、《研究资料系列》);学术演讲;学术讨论会

资料来源:梁占军.国外高校智库要览[M].北京:世界知识出版社,2019。

从美国、英国、日本等国智库成功运营经验来看,国外高成熟度智库开展的活动主要集中在以下方面:一是开展前瞻性课题研究,争夺话语权。课题研究是智库的主业,其研究活动分为委托研究和自行选题研究两类。委托课题主要来自政府、大企业或其他机构。自行选题主要是开展一些前瞻性、综合性研究,甚至就特定问题进行长期跟踪研究,以此确立自己在某领域的领先地位和话语权。多数美国一流高校智库身处一流高校之中,有利于充分挖掘和运用原有的基础理论研究成果宝库。并且,由于这些高校的学科齐全、精深,使得交叉学科得以不断孕育,有利于高校智库解决复杂的综合性问题。二是利用研究成果宣传其政策主张。针对当前或未来的重大问题出版专著,或者出版专题研究报告,是智库影响政策最常见的方式。三是通过各类会议和公共关系活动推广思想主张。智库通过举办各类专题会议,邀请国内外的政界名流和著名专家学者到会,交流思想观点,形成主导性的意见和建议,进而将自己的政策思想逐渐灌输到决策人员的意识乃至行动中。①

① 李志东.发挥社科联优势　建设社会主义新智库[J].人民论坛(中月刊),2010(1):34-35.

从发展趋势看，高校智库的成果推广还越来越重视打破传统媒体与新兴媒体的界限，创新媒体内容建设和传播手段，使智库成果更具吸引力、感染力和引导力，不断增强智库的品牌效应。

三、影响力传播

智库作为非营利组织，其发展目标并不以利润衡量，而是看其对公共政策的影响力度，高成熟度智库的影响力也是其受到重视的重要原因之一。智库研究者主要基于四种观点衡量智库的影响力：①其一，智库被认为是一种精英政治，它们依赖自身的专业知识以及与政策制定者的紧密联系来维护企业或者慈善组织的政治经济效用。思想库往往就某一问题进行分析研究后提出新颖的见解，进而改变决策者对国家利益的认知，影响他们政策优先的排列顺序，为他们的行动提供路线图，影响持久性规章制度的制定。② 其二，智库被认为是日益激烈的思想市场中的众多组织之一。智库与利益集团、贸易团体、环保协会以及其他非政府组织一样，都在争取公众和政策制定者的注意力。其三，少数学者认同政策共同体中智库以及其他非政府组织在政策共同体中的存在，但认为相较于政府的权威性和自主性，它们在公共政策的塑造上发挥的作用很有限。其四，还有一派学者不刻意推崇智库的精英性或者多元性以及它们与政府之间的关系，他们更多地关注组织本身的制度架构和定位，特别是智库的使命和完成使命的能力，以及影响智库在不同决策事务中做出战略选择的因素。智库作为现代社会的重要社会组织，其影响力在西方社会常被称为除立法、行政、司法、媒体之外的第五种权力。对政府决策产生影响从而作用于实践是所有智库发挥影响力的关键。有资格跻身“第五种权力”之列的智库，往往具备如下要素：一是获得精英阶层的资源，二是反映精英阶层的集体意志，三是有能力将精英阶层的意志作为公共意志进行推广，为其变换成公共政策提供合理依据。③通过公开或私下的途径，智库在社会系统中掌握着相当的话语能力和话语资源，智库话语的有效传播对社会公共舆论的形成与发展具有独特的影响力，如

① [加]唐纳德·E.埃布尔森.国会的理念：智库和美国外交政策[M].李刚，等译.南京：南京大学出版社，2017：107-108.

② Haass R N. Think tanks and U. S. Foreign policy：a policy-maker's perspective[J]. US Foreign Policy Agenda，2002，7(3)：5-8.

③ [德]库必来·亚多·阿林.新保守主义智库与美国外交政策[M].王成至，译.上海：上海社会科学院出版社，2017：6.

表 5-5 所示。此外,国外高校智库在公共外交中发挥着全方位传播政策理念和价值观、在世界各国政策精英之间构建人际传播网的重要作用。

表 5-5　智库影响力形成的渠道

影响力	公开的影响力	私下的影响力
渠道	举办各种公开的会议、研讨会就各种国内、国际问题进行讨论 鼓励学者发布公开演讲 在国会听证会上作证 出版图书、期刊、政策简报等 制作网站,并允许访问者下载资料 增加媒体曝光率	接受政府内阁、顾问委员会的任命 在总统竞选期间担任顾问 保持与国会的密切关系 邀请政策制定者出席研讨会 邀请前政党官员在思想库任职

资料来源:Abelson D E. Do think tanks matter? Opportunities, constraints and incentives for think tanks in Canada and the United States[J]. Global Society, 2000, 14(2): 213-236。

作为连接知识共同体与政策共同体的对话平台,高校智库在沟通知识与政策的过程中也形成了自身的组织建制,这不仅为开展创新性知识生产和资政建言活动提供了良好的和系统化的运行支撑,也提升了高校智库的品牌声誉,促进了机构的可持续发展。① 在美国众多的智库中,半数以上的智库是依托大学成立的研究机构,如斯坦福大学国际安全与合作中心、哈佛大学贝尔弗科学与国际事务中心等著名的高校智库,都是整合了各高校内部的多学科专家,以他们的经验和智慧为美国政府的内政外交做出了巨大贡献。② 目前,美国高校智库还通过在他国设立分支机构、合作研究或资助他国研究人员到该中心做研究或邀请某一领域权威主持某一研究项目以建设跨国政策网络,使美国高校智库在全球性和区域性的事务中拥有话语权,就气候变化、环境、能源和网络安全等事务推广自己的规范与标准。

总结起来,美国高校智库主要通过以下途径扩大对政府决策层的影响力:一是通过人力资源途径。一方面,美国高校智库汇集了来自政界、学界、企业界等各方面的精英人才,在极大提升智库研究水平的同时,也建立起一张巨大的社会关系网络,拓宽了智库与政府之间的联系渠道。另一方面,通过"旋转门"制度让优秀的智库研究者到政府有关部门任职,将自己的理论研究直接作用到

① 张新培. 连接学术与政策:一流高校智库组织研究[M]. 上海:上海交通大学出版社,2018:3.

② 余薇. 地方高校智库服务区域社会的路径探析[J]. 黑龙江教育学院学报,2014,33(4):5-7.

政府的实践工作中去，对政府决策产生重大的影响。二是通过举办学术活动途径。美国高校智库经常定期举办学术会议、专题讨论会和演讲报告会等会议，积极邀请各方面人士尤其是政府高层官员参加。利用这些场合，既可以及时了解政府的切实需要，提升研究的针对性，又可以将智库最新研究成果向官员进行推介，有助于政府决策。三是通过学术出版物途径。美国高校智库对特定领域进行长期深入研究，通过创办的专业期刊、出版发行专著等方式，影响政策制定者。同时，美国高校智库也积极利用传统媒体和新媒体增强对社会公众的影响力，从而对公共民意和社会舆论产生影响。① 美国智库在公共政策形成与影响公众舆论方面具有比较优势，主要在于它们拥有接触决策者和媒体的便利，这种便利提高了高层决策者和公众对于智库研究成果与分析的使用。②

第三节　国外高成熟度智库的政策网络治理机制

一、政策网络及其治理的提出

20 世纪 70 年代，政策网络(policy network)理论兴起，并作为一种分析途径和方法被引入决策领域。1978 年，美国政治学会主席彼得·卡赞斯坦(Peter Katzenstein)首次使用“政策网络”概念，以描述发达国家在政策制定过程中，寻求与非国家行为体之间建立的一种相互依赖合作的关系。③ 因此，政策网络是一种将国家与社会行动者联结起来的机制。此后，“政策网络”一词在公共政策领域被广泛应用，它指的是政策领域中彼此相互依赖的多个独立行动者通过资源交换以促成政策最有利于自己利益实现而进行的复杂互动过程。

如今，公共政策过程开始出现“网络化”情况，即许多相互依赖的行动者之间形成的针对政策展开的联合行动或对抗行动。④ 学界更加关心的是基于政策网络的治理网络如何输出成功的网络治理。政策网络研究者们试图发掘政策网络成功的渠道，于是纷纷将关注焦点投射于网络结构的设置、增进合作伙伴

---

① 黄海波. 美国高校高端智库建设有何成功经验[J]. 人民论坛，2017(29)：112-113.

② [美]詹姆斯·G. 麦甘. 美国智库与政策建议：学者、咨询顾问与倡导者[M]. 肖宏宇，李楠，译. 北京：北京大学出版社，2018：63.

③ Katzenstein P J. Between power and plenty：foreign economic policies of advanced industrial states[M]. Madison：University of Wisconsin Press，1978：9.

④ 李玫. 西方政策网络理论研究[M]. 北京：人民出版社，2013：196.

互动的机制、网络管理者的技能。在追求网络治理成功的过程中，学者们强调知识资源的重要性及其对政策网络的价值。西基纳·金纳(Sikina Jinnah)和艾比·奥斯托瓦尔(Abby Ostovar)认为，当获取的信息数据有限时，知识经纪(knowledge brokering)是最富有成效的。① 政策网络在知识碎片化时代显得十分必要，当涉及自然资源等问题的跨境治理时，政府间国际组织和政策网络正是通过填充知识库(knowledge caps)发挥作用。② 安德里亚·杰拉克(Andrea Gerlak)用"政策教师"或"政策专家"来形容环境方面的非政府组织网络，它们通过工作坊、课程培训传递知识，最终变革政策审议过程、改变政策结果。③ 政策共同体和政策议题网络由个人和组织构建而成，他们凭借各自在特定政策领域的专业知识，受邀参与到政策制定过程的各个阶段，试图对特定的公共政策施加影响。④ 公共政策的实质是民主、正义，使社会利益得到充分的反映，而这依赖于政治沟通的有效程度。以智库、媒体为分析视角，政治沟通包括民众和政府的沟通，智库、媒体和政府的沟通，智库、媒体之间的沟通以及民众和智库、媒体的沟通。而这些沟通的有效性又取决于沟通、决策体制的开放性、民主性。这使得政治家、利益集团和行政管理者、民众形成支持者联盟，形成多元决策主体相互依赖、合作、博弈，通过有效的政策网络，而非权威型自上而下的金字塔结构，使政策议程的建立能融合问题流、政策流、政治流，实现公众议程和政府议程的有效联动，使反映民意、更具专业性、中立性的智库、媒体等中介更好地发挥"桥梁"作用，实现利益表达和政策输出的上通下达。⑤ 成功的智库通常拥有多元而通畅的合作网络，这个网络应当包括政府决策机构、学术研究部门、大众传播媒体和民间组织。⑥ 决策团体、利益集团、大众媒体、社会民众和智库等政策参与者，围绕政策过程充分互动，并在互动过程中，为实现政策问题的解决或方案

---

① Jinnah S, Ostovar A L. Secretariat influence on overlap management politics in north america: NAFTA and the commission for environmental cooperation[J]. Review of policy research, 2015, 32(1): 124-145.

② Olive A. Assessing intergovernmental institutions and transnational policy networks in north american resource management: concluding remarks[J]. Review of policy research, 2015, 32(1): 163-169.

③ Gerlak A K. Resistance and reform: transboundary water governance in the Colorado River Delta [J]. Review of policy research, 2015, 32(1): 100-123.

④ Lindquist E A. Public managers and policy communities: learning to meet new challenges[J]. Canadian public administration, 1992, 35(2): 127-159.

⑤ 曹永森. 从政治沟通看政治决策的民主性和开放性：中西方智库、媒体的比较分析[J]. 湖北行政学院学报, 2011(6): 31-35.

⑥ 金芳，孙震海，国锋等. 西方学者论智库[M]. 上海：上海社会科学院出版社, 2010: 59.

的形成和执行，充分交换与决策相关的信息和资源，具体互动过程如图 5-4 所示。

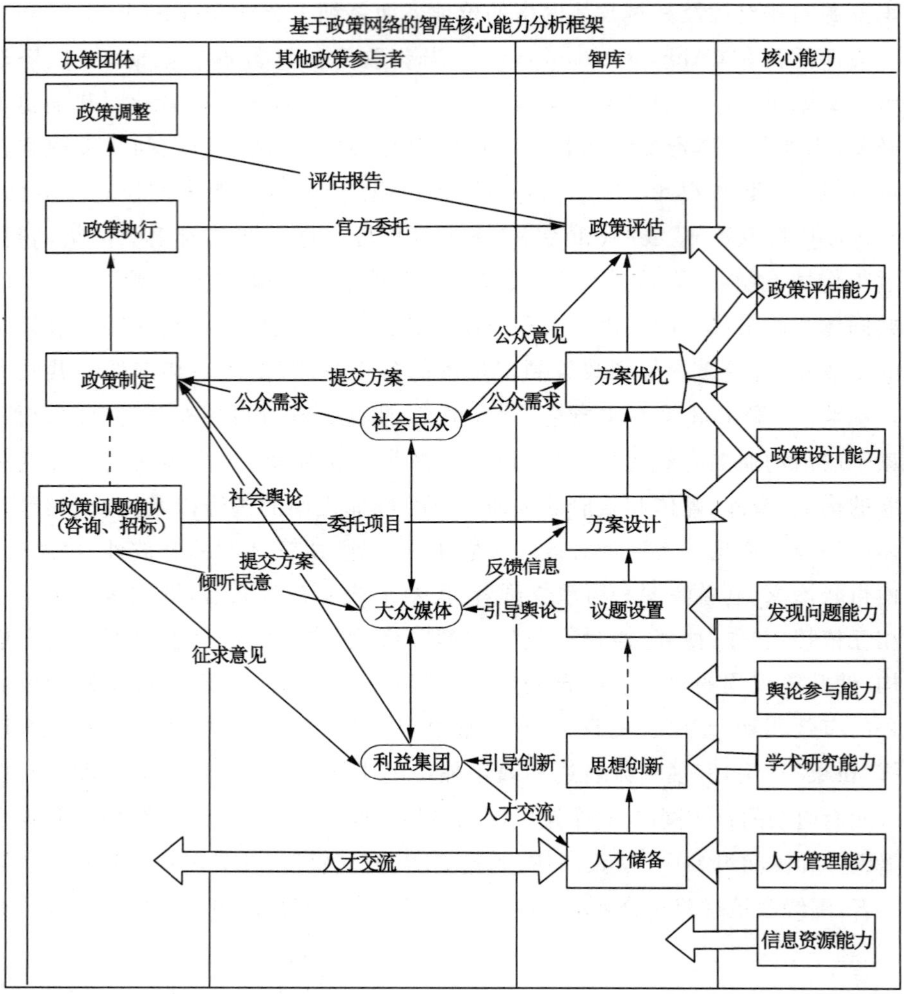

图 5-4 基于政策网络的智库核心能力分析框架

（资料来源：黄开木，栗琳．基于政策网络的智库核心能力研究[J]．智库理论与实践，2016，1(2)：27-33）

智库必须与社会建立广泛的联系和互动，才可能产生广泛的社会影响。智库在决策咨询体系中和政府、大学、基金会、媒体等组织存在结构化的网络关系，这些网络关系和智库内部治理的连接点对智库的良性运转至关重要。[①] 如

① 朱旭峰．构建中国特色新型智库研究的理论框架[J]．中国行政管理．2014(5)：29-33.

图 5-5 所示，英国智库影响英国对外决策体系的不同方式，经由不同的路径，对决策体系的不同部分发挥作用。其间接影响方式可对决策体系所有部分都发挥作用，而直接影响方式则一般只对这一体系最核心的决策中枢发挥作用。例如，英国萨塞克斯大学发展研究院和英国国际发展部合作，研究各国政策制订的最佳流程和实践，以减少冲突和抵制，同时，还举办国际太阳热离子电源系统会议等，引发有关自然资源的讨论。① 总体而言，英国智库通过四种方式对英国对外决策体系的五个层面施加影响，构成了频繁互动的复合体系，这一体系就是英国智库影响英国对外决策的基本架构。

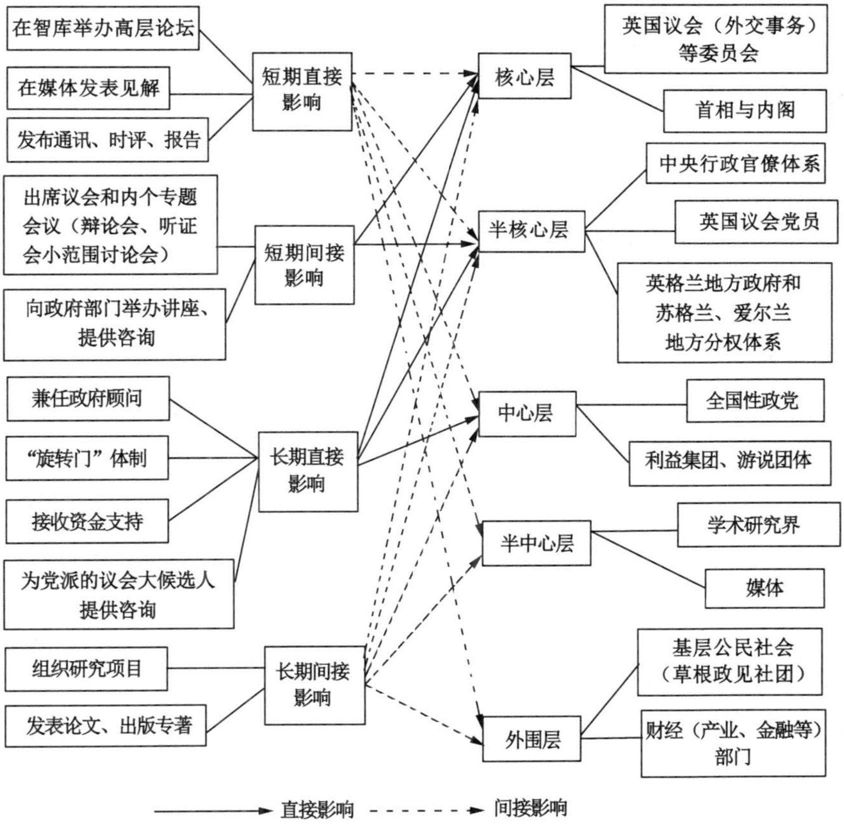

图 5-5　英国智库影响英国对外决策体系的基本机制

［资料来源：忻华，杨海峰．英国智库对英国对华决策的影响机制：以皇家国际事务学会为例［J］．外交评论（外交学院学报），2014，31(4)：121-138］

---

① 董晓波，胡波．高校智库建设：国际视野中的经验与启示［N］．中国社会科学报，2019-01-10(2)．

学术界、私营部门、非政府组织和政府在内的各界领军人物时常共聚一堂，商讨政策问题和面临的困境，智库鼓励专家们发展正式或非正式的关系网络，使他们能够持续保持对话、交换信息。①

在政策研究活动和成果的扩散方面，西方国家的智库固然有其工作语言上的优势，但强烈的知识推广的意识无疑也是重要因素。西方智库的学者们愿意积极地设定政策议程，以引起决策部门的重视；积极地引领更大范围的政策讨论，以扩大自己主张的影响力；最后为特定的立法或决策部门提供具体的政策建议。② 从欧美智库的发展实践来看，智库已经成为政策网络的重要参与主体。20 世纪 90 年代以来，政策网络已经成为欧美等国家协调社会利益的一种公共治理模式。政策网络通过相互影响，在各行动主体的交互作用过程中对所面临的问题逐步达成共识，并提出可能的解决方案。③ 在政策网络驱使下，智库的专家们经常在“思想中介人”(idea brokers)、“公共知识分子”(public intellectuals)或“政策企业家”(policy entrepreneurs)等身份之间进行着角色转换。④

二、智库政策网络治理的机制

针对宏观背景而言，智库的兴起及其对政策过程的介入源于理性决策的需要。在日益复杂的社会政治环境下，政策的形成和实施需要更为丰富精确的相关信息和科学精妙的相关知识，以形成更具技术合理性的政策方案及实施计划；政策参与者也需要依靠这些专业的信息、知识、方案和计划以更有效地参与政策过程。智库对政策的渗透性影响具体包括以下三种类型：一是改变政策议题的优先级，智库的研究人员通过各种渠道抨击旧观念，提出新观点，改变社会观念；二是改进决策者进行政治和行政决策的信息基础，智库的相当一部分研究成果都会成为社会信息库或知识库的一部分，正是通过对这些信息库和知识库的贡献来使决策者进行决策的信息基础逐步发展完善；三是提高政策决策者进行科学决策的能力，增进决策者对特定问题的理解，影响决策者知识、理解和

① [美]斯蒂芬·奥尔森.美国智库的发展或可供中国借鉴[J].开放导报，2014(4)：17-23.

② 侯定凯.从国外大学智库看知识转化[N].科学时报，2011-11-10(6).

③ 朱瑞博，刘芸.智库影响力的国际经验与我国智库运行机制[J].重庆社会科学，2012(3)：110-116.

④ 薛澜，朱旭峰.中国思想库的社会职能：以政策过程为中心的改革之路[J].管理世界，2009(4)：55-65.

态度水平的变化。①

智库和一般的利益团体及倡议组织是有差异的。其中最主要的差异源于智库的两个特质:公信力(credibility)和影响渠道(access)。智库在政策制定过程中提出专门知识(expertise)和政策理念(ideas),以专门知识和理念来发展组织的公信力和接近政策制定者,当决策者接受智库的理念时,智库即发挥影响力。简而言之,智库是极为重视公信力和影响渠道的政治性机构,其专门知识和政策理念在政策制定的辩论过程中扮演着特殊的角色。② 国外高成熟度智库重视通过组建全球或地区性智库网络,扩大自身的全球化影响。诸如第二轨道外交(track Ⅱ diplomacy)便是有官方背景的专家学者之间进行交流互动的平台,目的是为国家间合作提供智力支持。"二轨外交"已经在全球、中东、东南亚、非洲某些地区的一些政府间对话过程中发挥了重要作用。③ 智库所承担的第二轨道外交功能有助于国家或地区之间就重大利益问题展开沟通协商、对话合作,有助于在外交事务中达成深层次的理解。

政策网络是指在公共政策制定和执行过程中,政府和其他行动者围绕共同的问题,基于不断协商的信念和利益而结成的正式的、制度性的和非正式的联系网络。智库既是政策网络建构者也是政策网络中的一个重要组成部分。在美国对外政策决策体系中,智库在政策理念创新、人才储备、打造政策辩论平台以及教育引导公众等方面具有非凡的作用。④ 拥有政府高级官员任职经历的政治精英熟悉权力运作,有丰富的政策网络关系资源,深知政策制定者的好恶:无论是通过官方途径还是私人交际渠道,他们都是智库思想和成果向政界传播的主要推手。关琳和丁炫凯以美国企业公共政策研究所(American Enterprise Institute for Public Policy Research)为例绘制了以智库机构为节点的网络关系图。⑤ 该图不仅包含该智库与智库联盟和基金会的关系,还包含与奥巴马政府、菲尔·格拉姆等政界人士的关系。智库治理主体中的成员(董事、监事、领导者等)越多,社会关系资源越丰富,越能为智库带来强大的政策网络,并争取到更

---

① 孙志茹,张志强.基于信息流的思想库政策影响力分析框架研究[J].图书情报工作,2011,55(20):102-105.

② 马骏.现代智库及其功能分析[J].人民论坛,2012(5):48-49.

③ 朱旭峰.二轨国际机制与中国思想库发展[J].公共外交季刊,2013,16(4):21-26.

④ McGann J G. Think tanks and policy advice in the US:Academics, advisors and advocates[M]. London:Routledge Press,2007:5-6.

⑤ 关琳,丁炫凯.互惠共赢:政策网络语境下的美国政治精英与智库[J].图书馆论坛,2017,37(10):14-21.

多的外部资源。

构建国际化网络、开展跨国合作研究是德国教育智库发挥其公共外交职能的重要策略，也是德国教育智库参与全球教育治理的重要途径。德国教育智库的跨国合作研究以多国合作项目形式开展，采用比较和追踪研究方法。例如，卡塞尔大学国际高等教育研究中心与芬兰于韦斯屈莱大学、英国开放大学、葡萄牙技术大学、美国亚利桑那大学、日本广岛大学等开展各种项目合作，代表性项目有博洛尼亚进程的进展？欧洲 46 国调查、德国研究计划？走向全球、欧洲高等教育的流动性监测、奥地利高等教育毕业生职业生涯、拉丁美洲和欧洲的研究生跟踪调查项目等。德国科学与政治基金会（Stiftung Wissenschaft und Politik）则在欧洲多国设立了办事处，与欧盟、北约、联合国等进行交流合作，把各国及国际组织有关教育的前沿信息和研究成果反馈到国内，也可以推介基金会的教育政策主张。同时，基金会还通过校友会（Alumni Club）和埃本豪森论坛（Forum Ebenhausen）汇聚曾与基金会合作过的专业人员及全球各界人士，促成了全球网络的构建，增强其参与全球教育治理的能力。①

在英国，高校智库具有以科学精神服务决策制定、以大众立场增进社会公义、以现实关照驱动理论创新的功能定位，其知识生产模式具有问题驱动性、知识形态交互性、开放性、协同性和迅捷性等特征。② 伦敦大学教育学院是英国教育政策领域方面的智库，作为英国最有影响力的高校教育智库，其在与政府部门的协同中，通过与伦敦地方当局、伦敦教育工作者、社会合作伙伴及广大公众广泛合作，推动教育改革与发展，将伦敦建设为世界一流的学习型城市及知识型首都；在与社会机构的合作中，拥有欧洲教育学术研究图书和期刊馆藏量最大的图书馆，并专门开设“教育循证研究门户”网站，与其他 30 余家教育研究机构共同分享调查数据和研究成果。在国际合作中，其师资与生源覆盖全球 100 多个国家，与国际高端教育智库开展合作，伙伴遍及各大洲。③

近年来，澳大利亚政府支持国内著名大学创建新型智库，对澳大利亚政府公共决策做出了重大咨询性贡献。2010 年 5 月，时任澳大利亚总理陆克文宣布澳洲联邦政府投入 1.11 亿澳币，在澳大利亚国立大学内成立澳洲国家公共政策研究所（Australian National Institute for Public Policy，简称 ANIPP）。该研

---

① 付睿，毕红漫. 德国教育智库的类型、特点及启示[J]. 比较教育学报，2021(5)：26-40.

② 余晖，刘福才. 英国高校智库：功能定位、运行机制和服务模式[J]. 比较教育研究，2018，40(12)：59-66.

③ 郭杰. 美英高校智库主要特色[N]. 中国社会科学报，2015-10-09(6).

究所汇集了澳洲最顶尖的公共政策学者，肩负了澳洲高阶公务员培训、进修和联邦智库等任务。作为ANIPP的重要组成部分，澳大利亚国立大学在“公共政策提升计划”(Enhancing Public Policy Initiative)框架下成立了“库布斯政策论坛”(HC Coombs Policy Forum)，简称“库布斯智库”(Coombs智库)。其主要使命是在大学研究共同体和政府决策共同体协同界面开展公共政策研究活动，建立政府公共部门和大学研究者之间的战略协同关系，对国家公共政策进行研究评估，为公共政策过程提供循证依据。① 为加强大学学术研究与政府公共政策之间深度对接，澳大利亚国立大学通过政策网络生态共同体、“研究—政策”深度对接机制、政策前景筛选机制构建了Coombs智库生态系统，以作为政策枢纽整合系统的Coombs智库为核心形成政策资本循环体，通过螺旋式资本循环形成政策方案，最终通过影响机制贡献于政府决策，如图5-6所示。除了ANIPP，新南威尔士大学社会政策研究中心也在其发展过程中为澳大利亚政府社会领域公共政策研制做出了重大贡献。在其科研服务和科研协同模式框架下，通过研究服务引发特定社会政策情景中的公共辩论，进而影响公共舆论和公共政策导向。②

日本高校智库以各种形式积极服务政府重大决策。如早稻田大学亚太研究院是专门研究亚太地区问题的全球最大规模的独立研究机构。该机构由专职教师领衔的研究小组有14个，分别主持不同研究课题，如国际开发合作研究小组主持的“国际开发合作与全球可持续发展”；日本与亚洲关系研究小组主持的“亚太地区的国际环境”“日本与周边国家关系”；比较教育研究小组主持的“亚太地区的学习：变迁与同一性的形成”；东亚地区研究小组主持的“东亚区域一体化：国际利益与民族主义”等，这些都是日本政府关注的重大理论和现实问题，直接关乎日本国家利益。他们的研究通过报告、简报、建议、提案等直接送到政府高层和国会，作为决策和立法的重要参考。同时，政府和国会还经常邀请课题组成员直接前去咨询、作报告，回答议员们的提问，直接参与政策文本和法律条款的制定。为了更好地服务政府重大决策，智库机构研究十分重视成果的前瞻性。为此，在研究理念上，东京大学就强调要紧随世界前沿，紧扣政府需要，开展多样性研究，注意把研究的体系化与学术的继承性相结合，积极开展各

① The HC Coombs Policy Forum. About the HC Coombs Policy Forum[EB/OL].(2020-07-26)[2020-07-26]. https://coombs-forum.crawford.anu.edu.au/about-hc-coombs-policy-forum.

② 杨晓斐.澳大利亚新南威尔士大学“社会政策研究中心”智库的组织治理、科研模式及影响途径[J].高教探索，2015(10)：52-56.

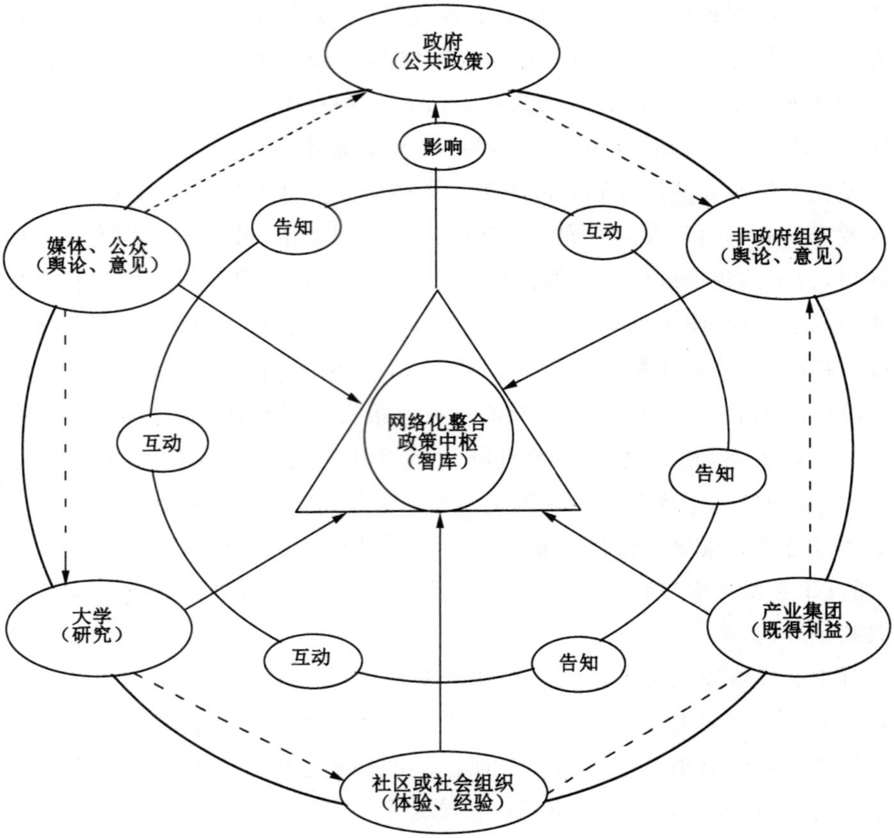

图 5-6　Coombs 智库生态系统要素构成及运行结构图

（资料来源：杨晓斐，温荣. 澳大利亚国立大学 Coombs 智库构建机制、运行模式及逻辑思考[J]. 高教探索，2020(3)：82-87）

种萌芽阶段的深入研究和开拓性研究。尤其是作为综合性大学，东京大学一是充分利用自身学科的交叉和融合优势，不断开拓新的领域；二是特别强调要加强与校外等社会力量的协同，积极实施跨越国界的合作，用最新的理论成果和应用对策构建为政府重大决策提供切实可行的智力支持。①

广泛的政策网络是拓宽研究视野、提升研究质量、提高研究成果社会影响力、进入政府决策层的重要渠道。智库为政策网络中的个人提供了交流互动的

① 王志章. 日本智库发展经验及其对我国打造高端新型智库的启示[J]. 思想战线，2014，40(2)：144-151.

平台，从这个层面看，智库既是政策网络的构建者，也是政策网络中意见交流的重要节点。[①] 高成熟度智库往往不受制于政府和官僚，有更多灵活性和创造性，可以利用更好的智力资源，真正成为政策网络中政治精英流动的重要枢纽。在全球化日渐加速的今天，通过参与国际政策网络，高校智库获得了影响力。换句话说，高校智库的收益在于通过提供知识、专业技能、政策理念，获得资金、扩张组织和增加了国际政治知名度。国外高校智库及其主导的智库网络运用超强的资源（资金、专业化能力、与跨国政策网的关系），跻身于跨国规则制定精英的行列，可以被视为一种"软权力"。[②] 作为敏锐观察世界风云、敏感捕捉时代潮汐、敏捷介入社会进程的思想集散地，高校智库正日益成为推动全球治理体系变革的强劲动力。

① 关琳，丁炫凯.互惠共赢：政策网络语境下的美国政治精英与智库[J].图书馆论坛，2017，37(10)：14-21.

② Stone D. Think tanks across nations：the new networks of knowledge[J]. NIRA Review，2000，7(1)：34-39.

第六章　新型高校智库成熟发展的政策建议

第一节　新型高校智库成熟发展面临的关键问题

通过对中国特色新型高校智库发展的生命周期及其成熟度进行实证研究可以发现，当前新型高校智库发展进入到一个新的阶段，但智库发展与新时代国家经济社会发展新形势对智库的巨大需求还存在很大的差距。具体表现为，智库规模大但影响力相对偏弱，智库领域涉猎广泛但标志性成果不足，智库顺应国家战略需求但尚未完全将制度优势转化为发展优势，智库建设根植于大学但与一流大学和一流学科的共生互动存在不足。

一、智库数量规模庞大，但发展水平和影响力相对偏弱

经过多年的发展，新型高校智库的数量激增，规模日渐庞大，根据全球智库报告研究数据，中国已成为继美国之后全球第二大智库大国。新型高校智库是中国特色新型智库的重要组成部分，相对于政府智库和民间第三方智库等其他类型智库，在中国现代化智库体系建设中发挥了重要的作用。在成熟度理论基础上，构建涵盖治理模式、人才培养、科学研究、资政服务和国际化 5 个关键域的 16 个关键活动的高校智库成熟度评价体系，实证检验一流大学建设高校智库成熟度，研究发现，一流大学建设高校智库成熟度呈现出“底部沉重”的鲜明特征，处于低水平发展级、逐步发展级的高校智库占据绝大多数，成熟级的高校智库占极少数。处于发展的初步阶段，一流大学建设高校智库成熟度等级、发展路径和体制机制都亟须优化与提升。一流大学建设高校智库成熟度的不同内容维度构成结构化的“蛛网模型”，多数高校智库在治理模式维度上有较高的成熟度，在凸显智库实力的科学研究、人才培养、资政服务及国际化维度上的成熟度相对较低。新型高校智库建设与国内外经济社会发展新形势对新型高校智库的需求还有较大的差距，最大的差距表现就是新型高校智库的影响力相对

偏弱。

新型高校智库的影响力具有明显的圈层结构特征，主要体现为由政策影响力、学术影响力和社会影响力三个方面构成的由内及外的影响力圈。在政策影响力方面，政策影响力是新型高校智库影响力的核心内容，能否产生重要的政策影响力是判断一个机构是否是新型高校智库的重要评价依据。如果一个智库在政府政策圈具有广泛的政策影响力，那么可以说新型高校智库是具有政策影响力的；如果一个智库在政府政策圈没有政策影响力或影响力微乎其微，可以说高校智库的建设是失败的。当前新型高校智库在参与国家政策决策方面积极献言献策，提供了众多的政策研究报告和咨询报告，为国家发展提供了许多有益的智慧。然而，相对于新型高校智库庞大的规模体量，政策研究报告和研究建议的影响力还是不够大，能够直接为中央所采用的可以解决国内外经济社会发展新形势下国家面临的众多实际问题的政策建议数量相对较少。在学术影响力方面，学术影响力是新型高校智库影响力的重要内容，也是新型高校智库的核心竞争力所在。依附于研究型大学而建设，是新型高校智库区别于其他类型智库的鲜明特征，这也决定了新型高校智库的内部治理结构、人员配置结构及其影响力的内涵。新型高校智库的人员同时是大学教师，也是某些学科领域的专家和学者，建设新型高校智库的前提是其在某一领域已经具有一定的学术影响力，在深厚扎实的多年的学科基本知识研究的基础累积之上，开展关乎国家社稷的有用之研究。因此，学术影响力是新型高校智库政策影响力的基础，而政策影响力的提升又有助于扩大和提升其学术影响力。当前新型高校智库建设容易陷入围绕着政策热点问题转、盲目开展政策研究的怪圈，而对其背后的学术价值缺乏深入和持续性的探索，使得政策研究难以解决实际问题、学术研究难以取得创新突破等现实问题。在社会影响力方面，由于新型高校智库主要面向相关政府部门提供政策研究以及依存所在高校开展学术研究，因此社会公众对高校智库的知晓度相对较低，这在一定程度上造成了新型高校智库社会影响力偏弱的现实问题。

从影响力圈层结构来看，当前新型高校智库政策影响力、学术影响力和社会影响力三个影响力圈层存在错综的影响力偏弱的情形，基于新型高校智库的内涵与特征，未来应着重在影响力圈层上加强顶层设计，构建政策影响力、学术影响力和社会影响力能够相互促进、共同提升的影响力圈层结构。高校智库应该在一个包括政府部门、民间组织、学术机构等多元主体的政策分析市场中占据独特而重要的位置。

二、智库顺应国家战略，但尚未将制度优势转化为发展优势

新型高校智库建设是在顺应和服务国家战略需求的背景下而开展的，更准确地说是国家战略需求牵引与高校智库自主建设相结合的一种战略行动。自2013年《中国特色新型高校智库建设推进计划》实施以来，新型高校智库建设获得了极其广泛的关注，国家、相关省市、所在高校投入了巨大的资源开展高校智库建设工作。国家部委设立多个战略研究基地开展政策研究、高端智库建设及培育遴选工作，众多教育部人文社会科学研究基地向智库转型发展。多个省市在高校智库建设方面出大手笔，如上海市提出构建由“内环—中环—外环”构成的上海高校智库网络，对位于上海的十几所高校智库在建设周期内进行重点投入，推动智库建设提质增效。众多高校设立专门的智库研究与管理机构，通过培育和建设新型高校智库，对所在学校内部的智库机构进行盘点和归口管理，加大对智库的重点建设经费投入力度，设置专门的智库系列职称体系，在年终工作考核评价与教师职称评聘中增加智库成果的考核评价等措施，以提升新型高校智库建设的实际效果。

新型高校智库不仅规模庞大，其涉足的研究领域也相当广泛，这反映出新型高校智库建设引起了研究型大学内部多个学科领域专家的关注，也使得新型高校智库建设更加丰富和多彩。从总体涉足的研究领域来看，当前新型高校智库的研究主要涉及经济学、政治学、区域与国别研究、教育学、环境治理、社会治理、城市研究、科技创新、城乡发展、国际问题等多个或细小或粗略的研究领域，然而，能够耳熟能详为大众所熟知的标志性成果却极少，这反映出新型高校智库建设停留在具体的研究领域，在解决专门的实际问题方面的成效还不足。部分新型高校智库主要以某个学科领域的研究为研究基础和研究起点，向相关的政策研究问题方面进行内容拓展，由于追随政策热点及现实的政策需求开展政策研究和政策建议，其研究领域也逐渐变得多元和广泛，由于多数新型高校智库建设处于起步和发展阶段，成熟度相对偏低，能够代表新型高校智库研究水平、推动新型高校智库在政策研究和咨询领域立足、在所在大学和学科获得更多资源、在社会赢得广泛盛誉的高水平标志性成果严重匮乏。

作为国家战略行动，新型高校智库建设具有得天独厚的制度优势，然而，当前的新型高校智库建设并没有将中国特色新型高校智库建设的独特的制度优势转化为推动智库提升影响力的发展优势。借助于相关制度优势，推动新型高校智库跨越式发展还存在许多不足，主要表现为新型高校智库在充分利用国家

政策、地方政府资源和校级资源方面还存在工作魄力不够、步子小、联动机制不足等问题，新型高校智库在充分利用国家和省市政策优势推动智库建设提质增效方面还存在思想不解放、创新能力弱和政策不灵活等问题，新型高校智库在结合国际发展新形势、一带一路行动倡议、中国特色社会主义新时代特征及中国集中力量办大事的制度优势，开展讲好中国故事、传播中国声音、提升中国话语权和国际影响力的学术研究和政策研究方面有很大的提升空间。

三、智库根植大学和学科，但与一流大学一流学科的联动不足

新型高校智库建设与大学及学科具有天然的联系，智库的建设根植于大学和学科，又服务于大学和学科。首先，新型高校智库建设多是基于研究型大学相关优势学科的研究基础和研究特色而设立的，其智库的内涵及属性特征具有鲜明的大学和学科的烙印。因此，大学和学科是智库建设的根，决定了智库的研究方向、内部治理结构、评价机制、人才队伍建设水平等，也决定了智库政策研究的深度影响力及可持续发展能力，只有获得所在大学和学科的支持，智库建设才可以获取足够的营养，在根繁的基础上实现开枝散叶。其次，新型高校智库建设通过提升政策影响力、学术影响力和政策影响力而服务于所在的大学和学科。高校智库建设不是独立于大学和学科之外而开展活动的，而是在大学和学科提供的知识储备、研究积累、人才资源、学术声誉等资源支持的基础上，提升自身影响力，并助推所在大学和学科实现进一步发展。2015 年国务院印发《统筹推进世界一流大学和一流学科建设总体方案》，标志着建设世界一流大学和一流学科发展成为国家战略。新型高校智库建设是双一流建设的重要内容，“打造一批具有中国特色和世界影响的新型高校智库，提高服务国家决策的能力”，是世界一流大学和一流学科建设对智库建设的新要求。

然而当前，在新型高校智库建设的实践过程中，也存在着智库与所在大学及学科共生互动不足甚至存在发展矛盾和不协调发展的状态。其表现为，新型高校智库是研究型大学内部的新型组织模式，体现为一定程度的开放式的机制创新，为更大程度上实现建设的目标，对相应的管理体制、运行机制、评价机制和人才配置机制都提出了新的更高的要求，这同时也是对大学和学科内部治理能力和治理水平的考验。现代大学作为松散联结的有机体，涉及的利益相关者及其需要处理的各类问题领域纷繁复杂，优质的大学及学科发展资源存在严重的稀缺性；大学要实现高水平发展，在特定的发展阶段和发展条件下必然会存在有所为有所不为及理性的取舍，从而带来相应的资源分配不均衡，甚至在相

应的智库领域得不到应有的重视。在人才培养、科学研究、社会服务、文化传承与创新、国际交流与合作作为大学五大功能的背景下，智库建设是大学和学科发展的附属品，是在大学和学科原有办学水平之上做的发展的增量，并不是大学和学科必须具备的功能，智库建设如何在融合大学的五大功能的基础上实现高质量发展，同时又通过高质量发展反哺大学的五大功能，服务于所在的大学和学科再上新台阶，对新型高校智库而言是一项艰巨的任务，也是当下面临的严峻挑战。

第二节 提升新型高校智库发展成熟度的建议

近些年，新型高校智库在创建到发展的变化过程中，内外部环境发生了深刻的变化，中国特色社会主义进入新时代，中美贸易战加速演变、逆全球化浪潮此起彼伏，这些都影响着新形势下新型高校智库建设的思路和方式。内外部环境的变化驱使我们用前所未有的思路，去理解新时代的高校智库建设工作。新型高校智库建设处于政府、高校和智库相互作用的场域，它不是单一主体的独立行动，其建设成效也取决于场域中不同主体的作用发挥及其联动协同发展的效果。笔者在相关理论研究及借鉴国外高成熟度智库发展特征的基础上，充分考虑新型高校智库成熟度发展的现状及其面临的关键问题，从服务国家战略需求全方位提升智库影响力、加强内涵建设与质量提升、充分发挥中国特色新型高校智库体制优势、加强与一流大学一流学科的联动发展提出政策建议。

一、依据智库成熟度阶段，加强内涵和质量建设

建议充分考虑新型高校智库的成熟度水平及所处的成熟度发展阶段，有针对性地加强新型高校智库内涵建设，并着力优化和完善新型高校智库发展的体制机制。在中国特色新型高校智库建设相关的体制机制设计中，尤其考虑中国特色新型高校智库多数仍具有“偏年轻化”的特征，对处于低水平发展级以及逐步发展级阶段的新型高校智库，建议着力加强科学研究能力和社会服务能力，以提升新型高校智库的发展活力和国际视野，并通过提升人才培养水平及研究团队建设来培养致力于政策研究的高水平人才队伍，逐步提升新型高校智库的成熟度发展等级。而对处于持续提升级及成熟级相对发展水平较高的新型高校智库，建议应当不断完善利于新型高校智库成长的制度环境，促进新型高校智库产出更多高水平研究成果，为服务国家战略需求、重大问题决策和政策创

新制定做出更大的思想引领和创新性贡献。

在衡量新型高校智库发展水平及其覆盖面的结构维度层面，建议对新型高校智库发展的弱势领域进行针对性的强化和完善，尤其注意拓宽国家发展亟须领域的战略研究和政策研究。通过新型高校智库研究的科学性、规范性和严谨性，提升相关政策研究的质量和水平，促进新型高校智库研究与政策应用高度耦合，促进新型高校智库研究获得更多国际话语权，并建立和培养高水平专职研究队伍以在更大程度上提升新型高校智库的影响力。

建议不断完善公平竞争、合理有序、流动开放的新型高校智库思想市场，给予不同历史发展阶段和成立模式的新型高校智库更多的竞争机会，淡化新型高校智库的身份标签，以政策研究质量为根本标准，对新型高校智库建设给予基于研究绩效的资源配置机制、人才聘用机制和考核评价机制，建立促进多种类型新型高校智库协同发展、有序流动的制度环境。要根据高校智库的角色定位和功能需求，制定出一套对智库研究人员有激励和保护作用的灵活的考核制度，以期为国家发展培养出一批具备全球影响力的高校智库精英。要搭建政策制定部门和相关智库部门有效沟通渠道，实现跨领域、跨部门、跨智库的信息互通、成果共享。

建议探索建立全国性的中国特色新型高校智库协会或者联盟等平台组织。该平台组织可以作为沟通高校智库与决策者的渠道和平台，汇集各类智库的研究成果和政策建议，及时畅通地提交到公共政策决策者手中，不断加大对公共政策研究成果的传播力度；同时尽快建立高校智库成熟度评估体制，制定科学的评估标准和完善的评估程序，对智库运行开展动态评估，建立智库的公共竞争机制，切实提升高校智库的公信力和影响力。

二、坚持服务需求为导向，全面提升社会影响力

新时代高校智库建设，应始终坚持和围绕党中央的总体领导和国家总体战略部署，形成党中央纵览全局、协调各方的智库协同发展格局。继续发挥高校智库建设对推动国家治理体系和治理能力现代化的支撑作用，重视新型高校智库的培育。始终重视新型高校智库在多个领域的布局，有效发挥新型高校智库的先导作用，同国家发展战略需求有效对接，建立多个利益相关者相互协同的创新共同体。从政策影响力、学术影响力和社会影响力等多个层面，全方位提升新型高校智库的影响力。

建议新型高校智库要坚持服务需求为导向，积极参与国际国内新的发展形

势和发展环境所面临的重大问题的政策研究与政策制定，提高与现实政策问题的匹配度和实际贡献能力，以增强政策影响力。新冠肺炎疫情、中美贸易战等诸多黑天鹅事件频发，随之而来引发的国际发展形势及其面临的复杂性、不确定性、不稳定性日益加剧，重新塑造着国际治理格局。我国进入中国特色社会主义新时代，肩负实现中华民族伟大复兴的中国梦和推动构建人类命运共同体的双重使命，迫切需要一批既扎根中国大地、深切关注中国本土实践问题，又具有国际视野、能够广泛深度地参与全球合作与竞争相关问题研究的新型高校智库，以服务国家战略决策和区域经济社会发展需求为根本的战略导向，从国内外发展新形势中寻找新问题，组织开展重大现实政策问题的政策研究，为党中央和国家相关部门进行政策决策和制度制定提供强有力的智力支持。

建议新型高校智库尤其是附属于一流大学的高校智库专家加强学术基本问题的研究，尤其是注重问题导向和基于证据的研究，夯实学术研究的基础，以扎实的学理研究为政策咨询研究打下深厚的根基，增强学术影响力。充分发挥高校智库的核心优势，在研究方向、人才体系、智库产品、机制创新、协作平台等方面找准着力点，以专业研究带动精准服务决策需求，形成充满生机的智库生态圈，真正激发智库活力和创造力。

建议新型高校智库坚持开放创新的走出去战略，开展国内外交流与合作，积极介入并关心全球性问题，获得更多相关研究领域的话语权，构建政策理念与价值观传播网络。新型高校智库影响力的大小及其是否能够真正发挥实质性作用，不仅取决于新型高校智库研究品牌的质量和水平，同时也需要加强成果的推广和对外传播。建议新型高校智库通过优化内部治理结构，提高智库思想产品的质量与公信力，积极融入政策制定网络，有效满足政府决策的复杂需求以及媒体、公众等主体的价值诉求；同时更加重视研究成果的对外传播，通过研究建议、研究专报、新闻媒介等多种途径、多种方式的智库研究成果，扩大新型高校智库的社会影响力。

三、发挥智库体制优势，实现与双一流建设联动发展

高校在建设中国特色新型智库方面具有众多优势：各领域高层次人才集中、学科门类较为齐全，拥有雄厚且稳定的智力资源；与国际学术界频繁交流互动，建立多样、畅通的联系渠道，拥有研究的国际化平台，等等。在此基础上建设的智库，更能显现“新型智库”的优势和特色。中国特色新型高校智库必须植根于所在的大学和学科而建设，否则就是无源之水、无本之木。只有充分发挥

新型高校智库依附于一流大学和一流学科的体制优势，实现与一流大学和一流学科的联动发展，才能真正形成高校智库成熟发展的新格局。

新型高校智库的发展是国家行动导向与大学自主发展回应国家战略需求提高社会贡献的有力结合，激发大学的思想创新精神和主动做出创新贡献的自觉意识，成为中国特色新型高校智库建设衍生的重要目标。建议新型高校智库建设在一流大学和一流学科的人才培养、学科建设、理论创新等核心功能研究的基础之上，更加聚焦于现实政策问题导向的研究，服务国家战略需求和区域经济社会发展面临的关键问题需求。

建议落实新型高校智库与一流大学和一流学科联动发展相关的制度、资金和人才等各类保障条件，构建全球合作网络，拓展新型高校智库的发展资源，实现新型高校智库的资源整合能力的提升，重视新型高校智库相关的不同创新活动的有效互动和衔接。优化新型高校智库的知识生产及知识转化等基本创新活动，不断完善知识生产与知识转化机制，提升新型高校智库的创新内涵及创新能力，开展高质量、全球认可、实践应用性强、有全球责任感的负责任的高水平研究，加大与全球合作网络的互动及知识共享，促使新型高校智库从内部创新走向开放式创新。

建议完善高校智库建设在“双一流”建设中的评价标准。在后续学科评估指标体系的设计中，对于应用类学科，可以采取定性与定量相结合、点与面相结合的方式，既要考察是否发挥学科特色与优势、产出了高质量的社会服务成果，也要观测该学科是否建有一定层级、数量的实体化、专业化智库。同时，重点考察这些智库是否拥有畅通的参政议政渠道、发达的社会关系网络，学术影响力、社会影响力与决策影响力如何等，以更好地发挥评价的激励和促进作用。

建议坚持文化引领，加强一流大学和一流学科的智库文化建设，尤其强化新型高校智库研究的家国情怀、社会责任、独立研究、反思批判与思想创新精神品性，保持学术研究的独立性，从客观事实出发，依靠可靠证据、严密逻辑和科学分析表达更专业化的政策建议，针对社会现实和国家战略需求，辅助实现思维方式、技术方法、体制机制和思想产品等多方面的变革，有效服务国家决策创新，加速引领世界一流大学和一流学科建设。

附　　录

附录1　中国特色新型高校智库建设推进计划

为深入贯彻落实党的十八大、十八届三中全会精神，贯彻落实习近平总书记关于加强智库建设的重要批示和刘延东副总理在“繁荣发展高校哲学社会科学 推动中国特色新型智库建设”座谈会上的重要讲话精神，推进中国特色新型高校智库建设，为党和政府科学决策提供高水平智力支持，制定本计划。

一、服务国家发展，明确建设目标

1. 明确高校智库的功能定位。高校智库应当发挥战略研究、政策建言、人才培养、舆论引导、公共外交的重要功能。一是发挥基础研究实力雄厚的优势，着重开展事关国家长远发展的基础理论研究，为科学决策提供坚实的理论支撑。二是发挥学科门类齐全的优势，围绕重大现实问题，开展多学科的综合研究，提出具有针对性和操作性的政策建议。三是发挥人才培养的优势，努力培养复合型智库人才，为中国特色新型智库建设提供有力的人才保障。四是发挥高校学术优势，针对社会热点问题，积极释疑解惑，引导社会舆论。五是发挥对外交流广泛的优势，积极开展人文交流，推动公共外交。

2. 建立形式多样、结构合理的高校智库组织形式。按照总体设计、点面结合、突出重点、分类实施的原则，创新体制机制，整合优质资源，打造高校智库品牌，带动高校社会服务能力的整体提升。一是以学者为核心，支持和培养一批具有重要影响的高端智库人才和资政研究团队。二是以机构建设为重点，培育建设一批具有集成优势的新型智库机构。三是以项目为抓手，改革科研项目管理，提高应用研究项目质量。四是以成果转化平台为基础，拓展转化渠道，搭建高端发布平台。

二、聚焦国家急需，确定主攻方向

围绕完善和发展中国特色社会主义制度，推进国家治理体系和治理能力现代化的总目标，结合高校优势和特色，统筹规划高校各类科研机构、人才团队和项目设置，凝炼智库建设的主攻方向，力求在以下关键领域、关键环节以及亟待解决的问题上取得重大突破。

1. 经济建设。围绕社会主义市场经济体制完善、经济发展方式转变等重大问题，重点推进经济结构调整与转型、创新驱动发展和国家创新体系建设、城乡一体化发展、财税体制改革、金融创新与安全、粮食与食品安全、区域经济协调发展等重点领域研究。

2. 政治建设。围绕社会主义民主政治建设、依法治国等重大问题，重点推进发展人民民主、行政体制改革、公共治理创新、社会主义法律体系完善、司法体制改革、民族与宗教问题等重点领域研究。

3. 文化建设。围绕提升国家软实力、深化文化体制改革等重大问题，重点推进社会主义核心价值体系建设、中华优秀传统文化传承创新、文化产业发展、中国文化"走出去"等重点领域研究。

4. 社会建设。围绕民生保障与改善、社会体制改革等重大问题，重点推进教育现代化、医药卫生体制改革、人口发展战略、收入分配改革、社会保障体系、创新社会治理体制等重点领域研究。

5. 生态文明建设。围绕国家经济社会可持续发展中的重大问题，重点推进国土开发、节能减排、发展低碳经济、应对全球气候变化、环境保护等重点领域研究。

6. 党的建设。围绕提高党的建设科学化水平、保持党的先进性和纯洁性等重大问题，重点推进党的思想建设、组织建设、作风建设、反腐倡廉建设、制度建设等重点领域研究。

7. 外交与国际问题。围绕维护国家主权与安全、促进世界和平发展等重大问题，重点推进构建新型大国关系、周边环境与周边外交、新兴国家崛起、海洋战略与海洋强国政策、反恐维和、全球治理、公共外交等重点领域研究。

8. "一国两制"实践与推进祖国统一。围绕"一国两制"的理论与实践、两岸关系和平发展中的重大问题，重点推进完善与基本法实施相关的制度和机制、深化内地与港澳经贸关系、推进两岸交流合作等重点领域研究。

三、整合优质资源，建设新型智库机构

1. 以2011协同创新中心和人文社会科学重点研究基地建设为抓手，重点打造一批国家级智库。按照“国家急需、世界一流、制度先进、贡献重大”的总体要求，认定和建设一批国家“2011协同创新中心”。深化高校人文社会科学重点研究基地运行和管理体制改革，实行“有进有退、优胜劣汰”的动态管理和弹性经费制度，完善总体布局，推动重点研究基地从整体上向问题导向转型，提升社会服务能力。

2. 实施社科专题数据库和实验室建设计划，促进智库研究手段和方法创新。围绕内政外交重大问题，重点建设一批社会调查、统计分析、案例集成等专题数据库，和以模拟仿真和实验计算研究为手段的社会科学实验室，为高校智库提供有力的数据和方法支撑。

3. 以高校哲学社会科学“走出去”计划为依托，扩大高校智库国际学术话语权和影响力。完善结构布局，创新组织形式，重点建设一批全球和区域问题研究基地。推动高校智库与国外一流智库建立实质性合作关系，建立海外中国学术中心，支持高端智库参与和设立国际学术组织、举办创办高端国际学术会议。

4. 加强高等学校软科学研究基地建设。以综合性大学现有的高水平战略研究机构为基础，培育一批面向国家和国际重大科技战略问题的国家级智库。培育、鼓励行业特色院校组建行业、产业科技发展战略研究中心，形成全面覆盖的行业、产业发展战略与政策研究支撑网络。面向区域发展需要，在高校培育一批面向区域产业发展需要的特色政策咨询机构。

四、发挥人才关键作用，着力培养和打造高校智库队伍

1. 实施高端智库人才计划。遴选确定立场坚定、理论深厚、视野开阔、熟悉情况、掌握政策、联系实际的200多名高校专家，建立资政研究核心人才库，给予长期稳定支持。构建密切联系机制，引导和支持专家围绕全局、战略问题和重点、热点、难点问题，及时向党中央、国务院各部门提出政策建议，适时向公众发布研究观点，引导社会舆论。

2. 实施哲学社会科学教学科研骨干研修跟踪培养计划。对参加中央六部门举办的哲学社会科学教学科研骨干研修学员进行跟踪培养，组织参与实践考察、社会调研、挂职锻炼，在各类人才计划、团队建设、科研项目、出国访学等方面给予重点支持，培养一支智库建设的骨干队伍。

3. 推动智库人才交流。与有关部门密切配合，有计划地推荐高校智库核心专家到政府部门和国际组织挂职任职。聘请有较高理论素养的党政、企事业单位领导干部参与高校智库研究工作，形成政产学研用之间人才交叉流动的良好格局。

五、拓展成果应用渠道，打造高端发布平台

1. 建设中外高校智库交流平台。围绕国际国内重大热点问题，支持高校与国外高水平智库开展合作研究，举办高层智库论坛，打造高端引领、集中发布、影响广泛的高校智库成果发布品牌，发挥高校智库引导舆论、公共外交的重要作用。

2. 加大智库成果报送力度。进一步加强高校、科研机构、项目团队资政建议的报送工作。建立资政报告数据库，定期收集、整理、分析和反馈相关信息。拓展《教育部社会科学委员专家建议》报送渠道，加大报送力度，建立定向征集、集中报送的工作机制。

3. 加强成果发布管理。制定实施《关于加强和规范高校哲学社会科学成果发布管理的实施办法》，规范发布流程，切实把好政治关和质量关。

六、改革管理方式，创新组织形式

1. 大力推动协同。支持高校智库与实际工作部门联合组建研究团队，主动加强与政府研究机构、社科院、科学院、工程院，以及民间智库等的合作，强化高校之间及高校内部的合作，着力构建强强联合、优势互补、深度融合、多学科交叉的协作机制。密切关注、全程跟踪党和政府重大决策，及时提供动态监测、效果评估和信息反馈。

2. 改进科研评价。牢固树立质量第一的评价导向，实施科学合理的分类评价标准，把解决国家重大需求的实际贡献作为核心标准，完善以贡献和质量为导向的绩效评估办法，建立以政府、企业、社会等用户为主的评价机制。协调推进组织管理、人才培养、资源配置等方面的综合改革，构建有利于智库创新发展的长效机制。

3. 改革项目管理。建立后期资助方式，对政府决策产生重大影响的科研成果给予后期奖励和持续支持。密切跟踪重大需求，与实际工作部门合作确定科研项目选题，完善课题立项和申报制度，提高项目设置的针对性实用性。

七、加强组织领导，提供有力保障

1. 健全管理体制。把加强智库建设作为推动高等教育改革发展和繁荣发展哲学社会科学的重点任务，研究制定《关于提高高等学校哲学社会科学社会服务能力的意见》等文件，做好统筹规划，明确任务分工，形成工作合力。

2. 完善政策配套支持。根据新型智库特点和发展需要，在研究生招生、经费投入、项目支持等方面给予重点倾斜，在组织管理、人员评聘、科研活动安排等方面赋予更大的自主权，建立健全政策指导到位、保障措施得力、有利于激发智库活力的管理机制。

3. 加强经费保障。加大经费投入力度，多措并举筹集智库建设经费。完善经费使用机制，加大人力资本投入，实行绩效奖励。规范经费管理，加强绩效评估和审计，提高经费使用效益。

附录2 全球知名高校智库所属大学及其排名分布

排名	智库名称	所在大学	国家/区域	ARWU排名2019（全球/国内）	QS排名2019	THE排名2019	USNews排名2019
1	公共政策研究中心	伦敦政治经济学院	英国	151—200/17—21	44	27	259
2	詹姆斯·贝克公共政策研究所	莱斯大学	美国	95/41—43	85	105	108
3	发展研究中心	苏塞克斯大学	英国	151—200/17—21	246	146	164
4	国防研究中心	伦敦国王学院	英国	51/7	33	36	37
5	国际合作中心	纽约大学	美国	30/22	39	29	28
6	国际问题研究中心	巴黎政治大学	法国		242	401—500	
7	金砖四国政策中心	里约热内卢天主教大学	巴西				
8	莫斯科国立国际关系研究院	莫斯科国际关系学院	俄罗斯		366		
9	国际战略研究院	北京大学	中国	53/2	22	24	59
10	东亚研究中心	约翰·霍普金斯大学	美国	16/13	24	12	11
11	李光耀公共政策学院	新加坡国立大学	新加坡	67/1	11	25	34
12	莫卡斯特中心	乔治梅森大学	美国	201—300/67—94	801—1000	251—300	434
13	卡内基—清华全球政策中心	清华大学	中国	43/1	16	23	36
14	清华—布鲁金斯公共政策研究中心	清华大学	中国	43/1	16	23	36
15	国际发展研究中心	哈佛大学	美国	1/1	3	7	1
16	胡佛研究所	斯坦福大学	美国	2/2	2	4	3
17	发展研究中心	波恩大学	德国	70/4	243	105	108

续表

排名	智库名称	所在大学	国家/区域	ARWU 排名 2019（全球/国内）	QS 排名 2019	THE 排名 2019	USNews 排名 2019
18	地球研究所	哥伦比亚大学	美国	8/6	18	16	7
19	韦瑟国际事务研究中心	哈佛大学	美国	1/1	3	7	1
20	东亚研究所	新加坡国立大学	新加坡	67/1	11	25	34
21	弗里曼·斯伯格里国际问题研究所	斯坦福大学	美国	2/2	2	4	3
22	跨大西洋关系研究中心高等国际研究学院	约翰·霍普金斯大学	美国	16/13	24	12	11
23	政策研究中心	中欧大学	匈牙利				
24	非洲经济研究中心	牛津大学	英国	7/2	4	1	5
25	社会调查研究所	哥斯达黎加大学	哥斯达黎加		511—520	601—800	850
26	国防战略研究中心	澳大利亚国立大学	澳大利亚	76/4	29	50	69
27	李光耀公共政策学院亚洲及全球化中心	新加坡国立大学	新加坡	67/1	11	25	34
28	东南亚研究所	新加坡国立大学	新加坡	67/1	11	25	34
29	艾什民主治理中心	哈佛大学	美国	1/1	3	7	1
30	安全研究中心	瑞士联邦工学院	瑞士	19/1	6	13	25
31	外交关系与防御委员会	国立研究大学	俄罗斯				
32	国际安全研究中心	悉尼大学	澳大利亚	80/5	42	60	27
33	国防和战略研究所	南洋理工大学	新加坡	73/2	11	48	43
34	韦瑟东亚研究中心	哥伦比亚大学	美国	8/6	18	16	7
35	重阳金融研究所	中国人民大学	中国	701—800/91—106	531—540	501—600	624
36	财政治理中心	赫尔特治理学院	德国				

续表

排名	智库名称	所在大学	国家/区域	ARWU 排名 2019（全球/国内）	QS 排名 2019	THE 排名 2019	USNews 排名 2019
37	战略研究中心	惠灵顿维多利亚大学	新西兰	301－400/2－3	215	501－600	515
38	全球化研究中心	耶鲁大学	美国	11/9－10	17	8	12
39	经济研究所	捷克科学院	捷克共和国				
40	人类安全报告项目	西蒙·弗雷泽大学	加拿大	301－400/13－18	314	251－300	290
41	欧洲移民和种族关系研究中心	乌得勒支大学	荷兰	49/1	120	75	55
42	安全、经济与技术研究中心	圣加伦大学	瑞士		398	401－500	
43	经济政策研究中心	马凯雷雷大学	乌干达				
44	全球化与发展研究中心	邦德大学	澳大利亚	901－1000/32－33	442	401－500	1133
45	国际与安全研究中心	马里兰大学	美国	46/29	136	91	51
46	全球问题研究所	英属哥伦比亚大学	加拿大	35/2	51	34	30
47	阿拉伯国际事务研究中心	穆斯坦西里耶大学	伊拉克				
48	Mossavar－Rahmani 商业和政府中心	哈佛大学	美国	1/1	3	7	1
49	亚太研究所	早稻田大学	日本	501－600/15－17	196	601－800	427
50	彭博中心	约翰·霍普金斯大学	美国	16/13	24	12	11
51	发展研究所	内罗毕大学	肯尼亚			801－1000	867
52	全球能源政策中心	哥伦比亚大学	美国	8/6	18	16	7
53	应用法律研究中心	威特沃特斯兰德大学	南非	201－300/1－2	400	194	200
54	国际发展中心	纳瓦拉大学	西班牙	701－800/22－27	245	251－300	444
55	国家经济研究中心	危地马拉山谷大学	危地马拉				

续表

排名	智库名称	所在大学	国家/区域	ARWU 排名 2019（全球/国内）	QS 排名 2019	THE 排名 2019	USNews 排名 2019
56	公共政策中心	墨西哥大学	墨西哥	201—300/1	103	601—800	382
57	和平对话思维与后续中心	国立大学	哥伦比亚	801—900/1	253	1001＋	706
58	国情研究中心	清华大学	中国	43/1	16	23	36
59	人文社会科学半岛中心	国立自治大学	墨西哥				
60	戴维斯俄罗斯和欧亚研究中心	哈佛大学	美国	1/1	3	7	1
61	经济和社会研究中心	巴西利希尔大学	土耳其	701—800/12—14	801—1000	801—1000	710
62	李光耀公共政策学院政策研究所	新加坡国立大学	新加坡	67/1	11	25	34
63	伦纳德·戴维斯研究所	宾夕法尼亚大学	美国	17/14	15	11	16
64	政策研究中心	南方科技大学	巴基斯坦	401—500/40—58		301—350	685
65	科学政策研究中心	贾瓦哈拉尔·尼赫鲁大学	印度	801—900/9—10			
66	环境政策研究中心	柏林自由大学	德国		130	117	122
67	能源、石油和矿产、法律和政策中心	邓迪大学	英国	301—400/27—34	302	201—250	301
68	科学政策研究室	苏塞克斯大学	英国	151—200/17—21	246	146	164
69	全球政治趋势中心	文化大学	土耳其				
70	印度高等研究中心	宾夕法尼亚大学	美国	17/14	15	11	16
71	民主和经济分析研究所	捷克科学院	捷克共和国				
72	欧洲研究所	布鲁塞尔弗里耶大学	比利时				
73	人口社会研究所	国立大学	哥斯达黎加				
74	亚洲研究所	首尔大学	韩国	101—150/1	651—700	801—1000	595

续表

排名	智库名称	所在大学	国家/区域	ARWU 排名 2019（全球/国内）	QS 排名 2019	THE 排名 2019	USNews 排名 2019
75	澳大利亚—中国关系研究院	悉尼科技大学	澳大利亚	201—300/9—15	140	194	198
76	詹姆斯马丁不扩散研究中心	蒙特雷国际研究所	美国				
77	能源与环境政策研究中心	麻省理工学院	美国	4/3	1	5	2
78	国家发展研究院	北京大学	中国	53/2	22	24	59
79	国家安全学院	澳大利亚国立大学	澳大利亚	76/4	29	50	69
80	未来情报研究中心	剑桥大学	英国	3/1	7	3	9
81	能源研究所	牛津大学	英国	7/2	4	1	5
82	环境与发展研究所	布朗大学	美国	84/38	57	53	102
83	托马斯 J. 沃森研究所	布朗大学	美国	84/38	57	53	102
84	科学与全球安全计划	普林斯顿大学	美国	6/5	13	6	8
85	社会和经济研究所	威特沃特斯兰德大学	南非	201—300/1—2	400	194	200
86	AidData	威廉玛丽学院	美国	801—900/182—192	601—650	201—250	497
87	佩里世界房子	宾夕法尼亚大学	美国	17/14	15	11	16
88	国际机构研究中心	俄罗斯总统国民经济和公共管理学院	俄罗斯				
89	卡尔人权政策中心	哈佛大学	美国	1/1	3	7	1
90	政治思想和分析中心	哥本哈根大学	丹麦	26/1	72	101	32
91	亚美尼亚研究中心	州立经济大学	亚美尼亚				

资料来源：2019 Global Go To Think Tank Index Report.